修灯

雷平阳 ◎ 著

长江出版传媒
长江文艺出版社

自序

　　瘟疫乱世，闭门编辑《修灯》。但来自整个世界的生死消息，疫情期内自己所面临的现实与精神困苦，还是让我没有因此而找到一个沉静的地方纯粹地去面对诗歌，而是置身在了激浪中一座正在下沉的小岛上，没有片刻安稳。虚构受到的挑战与质问如此严酷，是以前所没有经历过的——尽管以前同样地谈虎色变，同样地找不到月亮可以藏身。这一回，真实的刀与虚构的刀同时剜心，刮骨。

　　《修灯》这个集子，与往日我的每一本集子之间没有人工悬崖隔开，它们还是一个整体。华莱士·史蒂文斯在谈威廉斯的诗歌时说："威廉斯的写作是为了达到至美而在做练习。"它自然也是我在做练习时所得的一卷新的练习册。至于他所说的完美，对正经的写作者来说，也许就是你（包括威廉斯）面前不断在后退的地平线，要想到达，除非它不再后退而你没有停止，这是多么的虚妄。虔诚地写过，还在虔诚地写着，你才知道我们见识过的"伟大的写作"也未必达到了完美，思想的深度和情感的深度要朝前推进一步，不是一件容易的事。人的智力之于已知和未知世界，之于可能存在的奢望写作者能够完美呈现的那个现在还处于虚构中的美妙星球，若非神助，你连表现其皮毛的机会都没有。写作者的悲剧是天生的。

窗外春风响亮，万物的苏醒却没有人参与，街道空空荡荡一如天梯平躺到了地上。偶尔会去窗边站一会儿，见有稀少的跑步者，戴着口罩在深夜奔跑，像极了纸面上的我。

雷平阳

庚子年春，昆明

目录

化念山中

一

水库中冬泳的人是太阳下
鹰的投影。水面的平静向上，天空的平静向下
但两者合二为一尚需云朵将起伏的远山
压成一根直线。尚需我继续保持旁观的立场
不要在两个平面中间放置
一张唱片，或一只木雕的天鹅

二

斜光的茧。矮树林举手表决
清晨的模糊之物是谁。当选的一块岩石阴影大于自身
高出它们一丈，状如远征途中并行的几十颗马首
溪水在演戏，入戏过深，以曲线形踱步
拐进了薄雾里的岔道，将剧情的结局分解为几种
词语因为属性消失而原义趋向无解：众鸟发声
找不到源头。鸤鸧磔然而鸣，不是它的本音

也不是人的话语，疑似它在发出

火车过境时拉响的汽笛，但还存在其他的

可能性。昨天的记忆已然残缺

就像空中的枯叶制造了风，而风把无限增加的破洞

给了它们。受到节令的局限，鲜花不再绽放了

断墙下的那枝塑料花已经证明春天可以伪造

唯有青蛙忠实于客观景象，鼓着明亮眼珠

凝视着芭蕉叶上悬挂着的硕大晨露

一动不动——晨露内的青蛙终于在晨露坠落前

看见自己的真容，却来不及向外舍身一跳

三

两条并列的山脉有过反向急驰的传统

遗留下来一道尖锐的擦痕。这狭长山谷之中

唯一的人径因此而悬空，战栗，灰旧

向下掉落着多余的矿石、狐狸和树根

现在有个人正攀行在上面

半个时辰之内，他从无到有
由一个踩瘪在泥浆里的铝罐变成一根
直立行走的铁棒。半天时间过后，山势峭然
他还在攀行，铁棒也没有变粗，但他
已经骇然穿过如此多的石罅、深涧、卫星云图
确认或否决世界的重量，表面上他
呈现的好奇心，尚未多于丢在路边的马蹄铁
我的俯瞰也如一部打开的摄像机忘记了关闭
而记录下来的影像存在悖论：那个人
一分钟死去一回，影子里跳出另一个人迅速
接替他。我们所见的一个人
是无数个人在明灭中接力。他们只想把最终
现身的"那一个"，礼送至光天化日下的道路尽头
——"误以为自己在天堂"，误以为世界
挺立在风景中——我感觉哗蝉聚众
飞入了耳朵。阳光里隐迹的银针毫芒毕现
恍惚之物在催眠术与苏醒之间犹豫
唯有新生的目光才能赋予俯瞰与结论

准确的意义，我们停止在了土地庙低矮的屋檐下

四

肯定不是蝶类，是树叶的幻象。它们

浮移在各自认定的其他树叶上，就像其他的树叶

终于看到失踪的影子粲然回归。如果有光

从地面反射，幻象投出的影子才是

我们内心的树叶。幻象与树叶重叠，并将蝴蝶

夹在它们中间，我们则将此混合物称之为

落叶。蟋蟀的黄昏，万物

走到了自己不安的反面。这厉叫声向上

如绷直的一根根染红的钢丝，也没有兜住

蝶类、幻象和树叶与黑夜同步的盲动

五

"品种和质地最为优异的石头，连同

用坏的所有钟表，已被众人

在建造寺庙或故乡时埋入了黑暗的基坑……"

行文至此，廉价的碳素笔、纸张似乎已生出

反叛的立场——是我把它们领到抽掉了绳索的

荒废的深井内——翻新的物象与时空

抛弃了我们，而我们也流失了在深井内

用语言劈开鬼门关的异力。呼救如弃婴在拂晓

用笑脸仰天啼哭，你们知道，我还是得

仰仗一个个动词去调动笔与纸

神赐的喊叫功能。动词用久了变成名词

名词用多了令人不安。在静默与骚动

互相对望的两面镜子中间，我多像一个怪物

在一面镜子里烹煮野味，在另一面镜子里

空腹冥想——嘘，别闹了，为什么

直到此时我才看见：化念山上新开垦了

这么多耕地，掀起来的每一块土垡下面

跑出来的昆虫难以计数。它们非词语堆中

所能看见——逃命的时候，还如此色彩缤纷

陌生的活力充满美感，如同获得了解放啊

如同钻入的下一块地皮下面

它们提前建起了粮仓，发现了新的水源

六

立于这边的峭壁，那边峭壁上

一棵悬松向我伸出虬枝

伸来的虬枝无限落后于它古老的善意

单向的优雅。适度的静止。令我在剧变中

转眼已经老迈。就像沉重的山丘

固执地要将鸟儿高举给天幕

——我一次次伸长手臂也没有够着它来自空谷的

细分为绿针的手掌。在非物质占据的暗角

我可以冥想我踏上了松枝的天桥

是峭壁与空谷之上松枝的朋友。可现实

事物的真相：我的指尖，与松尖

它们始终隔着一道闪电一样破开的、幽森的

几寸空白。所有的虔敬、虚空和危窘

非常具体，形同图书馆里咬牙坚守的幽灵

但没有人知道我——真正的存在于此

七

间或才用爆破声宣告。更多的时间

还得靠人力切断石头与石头

之间火星飞溅的冷组织。并一一说服

石头：它们的用途不局限于基础、雕凿、桥梁

当夜色从四周向一只萤火虫收拢

石头可以排列在空中作为

星星的信徒。可以作为钝器

击鼓然后收藏在鼓腹。采石场的冬天从来

就没有人们想象的那么绝情，我的手掌

拂过棱角尖利的石头外立面，皮肤并未受损

而且觉得它们比任何物种都向往以自己

替代医院冰柜里待用的器官。一块石头

拳头大小，是一个肾脏

大如头颅般的石头则能剖成

三颗心脏。如果有巨石重大如陈冀叔

悬空葬身的那块，或如曼糯山中佛陀踱步的

那块，与碧空等量。它们用惊人的证象向我一再

传达信号——地质学事件本身就具有

鲜为人知的盛况——请我绕道

等待运走的石堆上枯草像一绺绺扔掉的黑布条

沿着新鲜的蹄痕，一个工人手握钢钎

向我走来，但他是在追赶岩羊

八

为了找出说话的人，高峭的甜象草

从坟地动身，蔓延到了人群中间

为了贮存虚构的猛禽，抵抗误作滚雷的云团

棕榈树在半空中生成的枯枝败叶的丘峦

就像一些人把地窖修建在头顶

——事物因我所思而与原形脱钩，次生的众象

如记忆里丢失的猛虎标本突然又以猛虎之形

出现在林间——浮雾加大了密度

将山谷债务式的凹陷部分，悄然演变为

遗产一样的白色空山。群鸟乃是铁铸之丸

由里面向外点射。异样的果园只剩下

模糊的枝条在旧照片中曲折散开

手握灌溉的水枪，我拖着长长的红色塑料管

以水的扇面，焦灼地找寻着未知的物件

红色的塑料管也许连着某一座瀑布

是一条河流的下游。无处不在的大海却没有因此

现身。世界在我到来之时已经堵死了自己

所有的入海口。风止步于地表

九

两种误会：危崖下的滴水声中

只存在着一颗水滴，犹如人世间只有一根秒针

它一直在往最深处固执地滴落并发出脆响

此为其一。其二，这一颗水滴的滴速始终不变

它像电动毒蜂匀速穿过我们的天灵盖

谁也不能管束。这两种误会产生的美学

非关真实、假象，结论也已在臆想中无情地释放

是的，那滴水——我们的铁掌至今没有接住

十

纷至沓来者，都没有出处，却有着

美人一样众多的去向。碧泉流经

罗汉组成的天际线上扬的那一段，停在了那儿

望海。水光一闪，一闪。狮子深入误区

另有使命：相爱的人们靠它传递信札

"给儿孙赶来成群的山羊和野兔"，死去的人

在天亮前自我表白："我没有愧疚，但我知道他们

缺少将虚幻之物变成实物的智能……"

翠竹、古榕、劲松撑开袍冠，像砌起来一堵

浮空的、平躺的墙。天空隔绝在上面

下面那个圆形的小山丘因此阴暗、失真

几束偶然穿墙而来的光照射着它，倒像是它

自身有几个灯孔，向外喷射出光柱。雷声

已经响过数巡，太阳雨即将落下

我得撑开伞，站立在小山丘上。林中突然

飞起几只野鸽子，它们在飞行中产蛋

其中一颗，击碎在快速移动的绿色伞顶

——野鸽子的葬礼仍然保留了即兴的

随意变换祭奠内容的传统，下一场也许是用翅膀

猛拍劲松的躯干——我相信眼前所见事物

是真实的：那飞走的野鸽子，有一只在起飞前

死去了很久。可我只相信一次。复述的汉字中

这只"死去了很久"的野鸽子，我会说

"它是一张树叶，有绝望抗体，不想下落"。

十一

独坐，怅想，无言——在山上与自己

或与别物对决，凡是结局均被时间

一一等同于枯草。什么也不能代表

也不能说明任何问题。独坐后一走了之

怅想后一走了之，无言后一走了之

化念山逼仄的下山路上挤满了还俗的人

路的曲线、坡度看不出转义和歧义，只见

没有还清的不同名目的账单，如虎舌

从每个人的上衣口袋露出微微上翘的一角

片刻的独坐、怅想、无言，修行者在模仿想象中

修成正果的修行者之后，没能变成绝地上的生灵

十二

落月犹圆，不再以光谕示晓行之客

在世，离世，与世脱轨。但天际线上的白霜

是一层层月光相加。得出

白银与灰烬的存储量。一如遗产并非全都是善款

清虚

词语专门用来表达欲望
是轻浮的。让狮子的血从纯金的
试管中，滴入大海
则是诛心的

但孤勇与伪善的光租赁了月亮
一直在黑夜里扩散
照亮了夜行人短黑的影子
甚至把月亮照得更亮

在公园，找我的人找到了梦里来
带我坐船去到湖心
苍鹭在浮木上教我口技和腹语
和尚在船舱教我画春宫图

我在码头的长椅上睡到了天黑
醒来时四周悄悄焊起了围栏
已被当成一座古墓

无尽的清虚却不让游玩的人出入

咦，这是什么声音?
——血液被抽干的狮子，轻飘飘的
在人造悬崖上走着。像个隐士
月光下，一个呵欠接一个呵欠

照亮

在曼糯山中

一块巨石顶上有个小坑

布朗人说

——它是佛陀留下的脚印

我去朝圣。建在小坑上的金色佛塔

在透过密林的阳光里宛如巨石内

藏着的圣殿

露出了神圣的尖顶

尽管我看到的小坑已经被青苔

和落叶填充，看不出圣痕

给我带路的那个黑脸青年

他没有向上爬，他怕，他敬

不敢登临。跪在巨石的阴影中

频频磕头，足有半个小时

我在巨石侧面的榕树林里安心

等他。想象不出这儿是

地球的什么器官

目光再次投向巨石之巅

那儿射下来的

一束橙光，正好把他照亮

真的就像是佛陀

那一天正从他头顶路过

支硎山

支硎山里。白鹤是清风的影子

马骨是野花的肥料

三片石头支灶，五株梅花作椽

读彻和尚手上煎水

口头给顽石讲经

"大地缩来无寸土，把茅占得几多天"

《楞严经》里乱象作乱，破惑得惑，他也会

把诗句充作斋粉，借佛的肉眼

紧盯无物的死角：你们看啊，看啊

多少人在痛苦中登上了山的绝顶

那墓门内发誓要用碑石雕造华表的孤勇之士

心脏已经不在怀中

白雪欲落未落，枯草上一层天，松树上一层天

樵夫背上拱动着的枯枝上也有一层天

唯独中峰寺屋脊上灰蒙蒙的那一层天

谈不上完整，昨夜窗外酣睡的老虎在梦中翘起

尾巴，将它戳了一个窟窿。哦，头上的梅花

落入茶盏，听经的石头由内向外

释放黑喜鹊。为了回应河山与故旧

如腹肉里藏书，他又开始表述

一种未知的感情。不囿于人脑的思想。以及

人类从未有过的绝望——冷静挺身于老虎窝中

像空腹的老虎对着寺门绵绵不绝地长啸

然后，袈裟上沾满了虎毛

继续坐下讲惑，露出满口白牙

人曰

人曰："活人的身上

遗存着死者的精神与空相，而

死者无一例外

怀抱着活人的欲望长眠在暗处。"

这种交叉，似有不死的猎物由一只白狐狸叼着

忽左忽右，在两片树林之间的空地上

哀伤地迈着步子。无名的、不对劲的寂静

久而固化为箴言一样的魔咒——

它显灵在最初的断代史之初

现在同样是一场不朽的瘟疫

那些意欲根治它的人，亦为其所惑

亦为其所亡。正如问诊鼠疫的良医

先于患者而殒命于鼠疫

有鉴于此——人间才是一座恒定的蜡像馆

大地之下，也才埋着壮阔无朋的雕像群

大象之心

我喜欢大象的外形，从中可以找到

菩萨和父亲。在它四周的丛林或者栅栏内

还能找到一些硕大无朋仍然唯美、自洽

天生苍老的词语。它的忧伤如巨石在平地滚动

与宫殿和蝉的忧伤，蝴蝶和猫的忧伤

放置在同一种语境中，没有丝毫的异味和错落

我们在医院的内走廊上，谈论起它

遭到弱化、缩小的尊严，就像是在谈论心脏移植时

给了它同一条蚯蚓的几颗心脏。但是谈论的场所

如果换成博物馆的中庭，用词也许会谨慎、精准

而且会遵守时间的价值观："现实中没有与它大小相配的丛林

但摆放佛陀舍利的那个专柜，常常用来摆放某颗添加了

宫廷美学的大象牙齿"，尽管我们特别是自由主义者和

环保主义者对此深表不安。它在旅途中

对待死亡——入灭或自断——的态度，与得道的僧侣

或没有得道却步入了死局的俗汉，本质上也没有

什么差别：死亡是自己决定的，所以决定去死

死亡的人权谁也不能觊觎。我幻想与它同行

这与过去的战士骑着它开疆拓土是两种概念，我持守

沉默的权利，与它隔着一场集体葬礼，一个理想国，在背后

看着它——抬腿蹬向铜墙，笨重的躯体跃入沧海

用鼻子卷起黑山羊穿越激流——瞬间改变现实的

一个个场景。它不介意我用通俗的美学异化它

目睹我在缅寺矮墙上描绘它长出金翅膀、在天空

自由飞翔的模样时，它把水井当成镜子，但这面镜子

只能反映它的脑袋，阔大的双耳还遗漏在井沿上

它像我一样一直看不到完整的懊丧的自我。碎片化的我们

众它与众我，犹如众多小人国的皇帝，人手一个指北针

在流水上为争夺仅有的一副望远镜分别以它和以我自居

不同的器官自治，孤立。一具躯壳上千手向外抓拿

比病床还多的牙床咀嚼不休，瞳孔如繁星放光

一颗颗狼心登上了头顶继续向上狂跳，大合唱的喉咙

在宣布征服——我们的脸谱戴在无数仿生体的头上

像我们自身：用天神的意志标榜自己并倾心谋求

小人国中"稀有的一切"。它也许是无辜的

不是我看见和想象的那一个。在我们的现实中

被人诱导，在禁区内用身体运输毒品，它还以为
这是在神话中运送一卷卷孟高棉语抄写的南传佛典
它不开口作供，幕后的主使如谜，警察站在它的面前
仿佛缉凶时站在故事收尾处，那座人神俱空的破庙门口
到此为止，某种类似真理的东西因为"到此为止"而
呼之欲出——凡是起点与终点都站着一头大象——喻体
托词，挡箭牌，遗书与幻觉的联合体，堵死了我们
所有妄想与沉沦的通道。生活在象腹中的人
用细沙、执念、色彩构造大象的人，他们在象牙上
巧妙刻画的入口或出口，或许就是一头大象吭哧吭哧
往返不息的地方，而且可能就是一条人工弯曲的路径
连接起来的同一座建筑物的前门和后门。它存在于
世界的后脑勺，某些"无名氏"在那儿分头管理
餐厅与熔炉。未知进一步困扰着我和我们，而大象
在显微镜与放大镜下只显现其皮质苍老的外观。一个
大象似的谜团有如五吨重的大象没有找到
手术台，一吨的大象血没有与之匹配的取液容器。我们
在为它让路的时候，曾经互相提问："你觉得大象的心脏

有多少公斤重？"每个人说出的重量都是自己
心脏的重量。现在我们不再开这种极端的玩笑
大象的心脏，如果菩萨不亲自动手，没有人
能将它取出来平静地放到菩萨的秤盘上

猛虎的宗教

猛虎的餐桌上，摆上来

虎头，虎心，虎胆，虎爪，和一双虎的大眼

大瓶虎骨酒微微泛红，估计浸泡多年

其实，猛虎以其用这一席人类日常的酒宴

款待我，我更想饱餐一顿

它们的佳肴：苍龙，玄武，凤凰，仙鹤

貔貅，以及太阳烛照这样的圣兽

甚至它们应该将我放上餐桌

让我将自己一扫而光

"它们采用了人的立场，摆下这一桌

人性的宴席，意欲何为？"坐在黄昏的山顶

猛虎的餐桌上，松涛震耳，落日伤心

我喃喃自语。看见那条虎脊一样

有着优雅弧线的下山路，几米之外就是断头

一头彩云之虎，正从下面升跃上来

内心的喜剧

向已知与未知的事物祈祷，垂直向下
我挖掘一条密道。此事
已经持续多年，旧时间、新时间平衡着使用。
甘泉喷涌，用它洗心濯足。挖出宝藏
和矿产，我动过贪念，终究侧身而过，
欲望的管理堪比管教一个青春期的孩子。
地下存在深广的黑暗，陷落的王朝
无人回访，神对自己惩罚的对象至今
不让其翻身，埋葬之后的沉默饱含永恒的
味道，是真正的沉默。真我建议非我——
给地心送赠一封火柴，但我不认为找个地方
私设星空，就能让世界翻开新的一页。
那创世的巨谎，多重复一次，黑暗
就会翻倍，清空之说疑似宗教欺诈。
向下挖掘，有别于向着老天挖掘，
有发光体做坐标，万众瞩目。我缩成一团的身体，
连同器械，像发疯的豪猪在冰冷的洞穴刨食。
离当代愈远，魏晋，《击壤歌》的作者，旷野

就在眼前。不与人论战，只与自己争论，

挖出的泥巴上带着墓地的寂静，像盐

但又不是。一个与太平洋和太平间平行的

空间，每个死角（处处是死角）均可

掩藏传奇与秘密，还能找到老聃、王勃、朱允炆

安托万·德·圣·埃克苏佩里和总是在安息日

失踪的福柯，以及六十年代昆明东郊

神秘消失的祖庭法师的真身。与他们同时，同在，

无限地体验下落不明的狂喜与震惊。

每一天，一层叠着一层的竹简、残碑、金缕玉衣，

我都可以将它们埋得更深或运回地面，但我

气力不逮。在宗教言论置于个人经验和理性之上的

地层，即 1000 米左右深的深处，复兴是革命的主题。

我在那儿开凿了一间书房，枯骨之间

摆放了一张巨大的书桌，供神灵与幽灵共用。

我一字未写，担心没有一个字经得起它们的审判。

向下的征程上，秘道上空偶有坠物，

时代的异端、垃圾、未经命名的新玩具落叶似的

盘旋而至，与锄头下面火星闪闪中露出的

某尊菩萨的头颅汇合，从两个方面试图阐释

挖掘的合法性或非法性。暗示我——

某种早逝的，存在过但又未被消费的，

插在两者之间的黑暗抑或黎明，冷藏在

阴森森的最下方。像哥伦布至死坚持认为自己

所抵达的那个"印度"。像处女梦中与神兽交合，

得到的不会退去的永恒的性高潮。非常幸运，

抑或非常糟糕，密道已经触底，矿工，遁土师，

考古学家，盗墓贼，蝙蝠，蚯蚓，太岁，

钻探机和草原犬鼠所干的活计，我干得兴致勃勃，

而且还有激情驱使自己继续向下。卡达莱

描写疯狂的性爱，说他的主人公在女人的子宫里

又找到了一个子宫，然后又找到一个。

而我，就像一个下地狱的灵魂，事已至此，

相信只要把菩萨移开，下面肯定是天国。

菩萨旁边的溶洞，深渊，一直往下潜行，

下面也必然悬着一片汪洋。但是，坐在

一块至今没有凿碎的寒冰上，望着露出了双眼的

菩萨，我与米歇尔·图尼埃纸上那位

按照方舟的尺寸造船摆渡灵薄狱的鲁滨孙，

持相同的观点：这一场内心的喜剧，

短时间内不会有什么结局和奇迹。

松鹤图

一

瘿生之子在神话中竦身而立，就像大殿四角
那根部插入磐石的圆柱。孔丘和王梵志
他们的不朽——导致松树
创造了白鹤，或白鹤孵化出了松树

二

湖泊四周的山岭上松风如飞针
分别敲击着时间小若米粒的钟。白鹤
在活化石一样的松林间闲适地飘动，像一缕缕白烟
终于选定了自己的形状。但还想再变，能将美
带到多高的高度什么人也难以预测
——它们是否会定形于某物，久存还是灭绝
还真的不好用现有的语言去虚构

三

清晨我从东岸下水，游过湖面

在东岸登陆时正好是中午。松枝下的集市未散

买匹马又将它原价卖掉，看社戏又将它遗忘

人群里独饮不是买醉，是等所见之人

悉数走空。待天光变灰了，我又从西岸下水

游至湖心，碰巧是明月当空的时辰

水多了起来，多得就像湖里新发现了

几个湖，大海前来上游访问。不用说，我从

水的盛况，看到了万物万事的单一性

单一的盛况——应该是所有白鹤汇聚在一棵

静默的松树上，或者一只偏执的白鹤它想数清

天下有多少棵松树——但此刻意指湖水

罔顾我的少，我绝对的单一，而它的单一

已经完成了无节制的复制。单一的多与寡

像十二个基督给一个门徒施洗。像罗汉堂中

五百罗汉怒视着一个观光的游客

水上的归途，其实就是在梦中背着巨大的金锚

缓慢地、机械地划水，来到一半的里程

我用完了体力和关于体力的想象力。一半

已是归途的尽头。每一次游至明月的正下方

它的圆圈将我的边界划定，我就开始朝着湖底

冷静地下沉，现在的水变成过去的水

一只白鹤飞过，像一封信从水面寄出

四

运载松香的船——前身必然是湖中

受损乃至解体的沉船。捞到岸上，拼装

加固，刷上红色，象征一条条新船——唯心的推理

也无法洞见船夫迷信的理由。当它们中间的一条

在那个晚上，适时航行至我下沉的水面并搭救了我

躺在装满松香的木箱子上，两条腿甚至还没归来

一息尚存的人望着重现的湖山，明月和

浑身滚动着光珠且迸射着松香气息的船夫

确信自己只身闯入了超现实的世界之中

声音与思想通过光来传达，画面里的一切

人和物，时间和静止的记忆，皆是其准确的自身

同时又是其顶礼膜拜的偶像，而且正奋力

抵抗着从四面逼上来的黑暗的岸。我以获救者

空洞的大脑，迟缓地盘算着什么——冒出来的想法

是如此的荒唐，可针对命运却如此贴切——搭救

仅有一次是不够的。这一次搭救不是"意外"

而是搭救运动冷静的开篇。我，我身上暴露的

松树林中白鹤一样众多的数字，没完没了的搭救

应如圣餐每天都可以领取。是的，每天

而不是中间隔着白晃晃的，动荡的几个工作日

船夫默然。他用不着开口表白他行驶在自己

"善举"的航程上，断翅的白鹤他搭救的数量

最多。有一些练习飞翔的人从半空

直接掉进了船舱。我隐约看见波光起伏

疑似泅游的人群快要浮出水面集体性换一口气

他们的影子就是铁铸的肉体，没有产生

新的影子。搭救一块块黑铁，船夫曾将一船船松香

投进了湖中。一翻身我便掉到了船外，以为能赶上

水下的脚步。原来搭救我的船径直离开

另外一条船——装满松香——航行到了我的头顶

习惯性地将我搭救。船夫的脸上荡漾着贞洁的

月光。由此而始，我非法的预感

即"一次次重复的搭救"，犹如奇迹

在彻底异化我之前将我像一个浮标那样

固定在波涛之间。不同的船夫和松香船与我

仿佛签订了一份特殊的演出合同，谁也没有

违约。证人有右边这些：星星，夜风的帆

隐匿的导演和那一个以我之名进行死亡探险的人

五

背对世间，松树的躯干上

统一镌刻着人的名字。表象上是松树

已经成为名字所称呼的那个人，其实是松树

盼望那个人能够物化得像我这样

我一直在那儿，那个人则迷失在

寻找我的途中，往往殒命于刻着陌生人

名字的树下——他们预先替自己安排了山野中的

国葬却没有赶上——行走的白骨在松果敲击时

发出声声鹤鸣。但这还不是狂热现实的写照

如果"现实"向着山野无情地敞开

现实或反现实，场面均是一座砍伐之后肃杀的

林场：松树卧倒于天堑，排队过独木桥的人

穿着鹤羽编织的外衣但无一不是亡命徒

六

月光明亮——仿佛月亮的光已然倾其所有

不会再有月光，黑夜不会再有大面积的明亮

高矮不一的松树，静立或展翅的鹤影

它们则充盈地、形神专注地呈现

黎明的气象和破晓的白色。让你

轻易地就能领悟：宗教里不可言说的部分存在于

目光能及的物种之中，赞美只需"啊"地叫上一声

七

在梦中前往一条山谷，弄丢了乐器

干粮，药品。醒来之后找遍了山谷的旮旯

没有找到乐器，干粮，药品，找到了

同样丢失在梦中但我已经忘记的指南针

望远镜，防身的匕首。思想的垃圾汇聚在

瀑布下面，词语久经冲击只剩灰白的碎骨

哦，残酷的美：蒙面人演出的话剧以荆棘作舞台

第一幕——骑鹤送信的使者被吊死在松枝上

第二幕——判官查找凶手从镜子中看见了"我"

第三幕——独白的幽灵突然开始表演复活的幻术

……有那么一刻，不会闭幕的话剧偏离剧本

邀请我登台，就像一个小丑，用松枝狠狠抽击

塑料制造的白鹤。参与者多如无中生有的黑山羊

左手鹤翅，右手松枝，文字中的天堂

正在惨遭洗劫。我想象里的空山因此瞬间

逼近超自然的真相：狮子脸、老虎心、鲸鱼的吼叫

纷纷集合在我们从未做过但现在每个人都被围困

在里面的噩梦中，自诩诞生在拿撒勒的来客

也不例外。敞现在梦境中的现实——我们

还是带刃的器械，带着盲杀与冤死的双向属性

受雇于反现实的深渊里矗立的灯塔。是的

一群野兽，当我们已经退不回来，又失去了

进化的勇气，被另外的野兽当作玩偶

祭物和牙缝间的肉——话剧永远不会迎来

叙事学的高潮。反对弯曲的树干与渴望伸直的

鹤颈，大幕拉开的时候就由青苔内的磐石压着

改变不了剧情结冰的河床。那条幽灵修建的山道上

即使是托身为人的幽灵也被拦了回来，松香、船体

船板、橹片、舵，重新变成了不认识斤斧的

寺院里生长的松树。我从梦境中带出来

一根松枝和一只塑料鹤，松枝未朽

沾黏着几绺毛发，塑料鹤已是一堆零件

八

阳光热爱开阔地，变化的鹤影从不变的树影间

成群地移到杂草丛。伐竹的人误入松岗

退出来，转身走向年画中的"白衣鸟"，知道它们

肯定会腾空飞走但步履从容。他腰带上插着的刀

银光闪闪，吹奏着不知名的乐器，声音

同样银光闪闪。替他运输竹子的白象肃静地跟在

他的身后，象身，惊飞的鹤，他的白发，银光闪闪

停在开阔地的中央，四周的杂草举着穗子形成雪地

他抬头望鹤飞入林间，消失如未见

——他张开双臂，与肩平行，像鹤翅那样

上下扇动了几下，手中的乐器掉进草丛

离开之前又才弯腰捡起，身后的白象先于他调转了方向

九

新栽的幼松遮不住大象的躯体

初学飞行的白鹤无力将彩云送往人间

我读孔丘与王梵志，身在隔离的斗室，移动半步

听见天之木铎，再移半步，看见众生颠倒

哦，以我灭我：遵从那以木为舌的大铃

我把我们在流水线上加工成神兽的罐头——而我

又确知祭物来自横遭蛊惑与暴击的头颅

——神话的伦理忽视了我们新一轮的溃败

不负责任的想象将语言的本质改了又改。我将书籍

插进书架，坐在瘿木制成的茶台边俯首于虚无

仍然没有意识到不朽的神话只是为了让我们

盲目赴死的戏剧反反复复地重演无数次

在巢湖湖心岛上

四面都是水的平原。落日西去，金波推送

光明的秋风向东

卖茶的布衣深谙弦乐

如古柏寒枝竭力炫耀收藏多年的

鸟翅和鸟啼。安徽水肥，杯里的绿芽

尚在胚胎里耽于萌芽期的幻觉

滋味无从谈起。我暗中替之以无量山的古树普洱

水中顿生烟霞与滚石。同行者罗汉七八

观音三五，大家都数着手指的关节

或亭外孤岛上消失在竹林里的人影

我心已不在此处

视浮山为飞船

可飞船不动，似有足够建造

几十座圣妃庙的顽石

悬坠在船底

月亮面具

方圆几十公里内，火山灰上
种植着灰桉。叶片上的暮色
扣押着一场雪崩
一个示弱的人，小于人的人，他羞于
在太阳下登高，或为了继续获得太阳的凌辱
戴上了月亮面具。刺蓬和乱石间的火山口
已经是遗迹，没有腐烂的构树叶子
重新成为《金刚经》的散页
点燃几根原木烧水，他对火焰说
"我终于在火山归隐了！"
一只鹞子穿过阳光和彩霞，朝着他的
月亮面具，俯冲下来。他对鹞子
说："你带来的光令我灼痛！"
那张月亮面具下真实的面孔一直没有示人
也许它，已把自己当成了某个人的遗容

约陌生人交谈

如约而来的人行走在他身前的影子

打着补丁，身上还有没有

缝合的洞孔。坐在窗下，他下意识从花瓶里

折取几朵野菊，平静地插入他的洞孔

我们相谈甚欢，像两个老友裸身浸泡于

温泉，水雾中的两颗脑袋乐呵呵地

进行互换。我的外形他不难看破

但没有动手去拔除我肋骨间盛开的罂粟花

我们的话题不着边际，在乎语言的张力

又总是忘了语言的承载力毕竟有限

——教义缩小为法规时儿童成长缓慢，冬天

压缩在某个卧室而窗外的世界还在

秋收。卧室内的女人必须礼送至暮春，因为

墙上的火烈鸟永远带不来高温——他说

气候瓜分着我们。气候瓜分我们之际

还有另外的柳叶刀在瓜分我们。当他

陷入沉默，当羊羔调整信仰的角度

人骨肥料正在地底发酵，男人也未必能容忍

屠宰场扩散过来的黏稠气味。而且

屠宰场的推销员与餐厅的采购员，当他们

公开推销和采购死者，就死者讨价还价、成交

我顿时明白（也许没有明白）：那杨树上

纷纷下坠的不是黄叶，而是脸孔。是一张脸

分成足够多的脸，是多到极限的脸

拼凑成一张脸，在我们周围冒充

远离了户口簿的遗容。向我们证明秋风里

它们还能发出金属互撞的脆响

它们的肉里含铁，像遭到射杀的仙女从天而降

旋转着飘落的霓裳之内保存着灼热、坚硬的

子弹头。我和他，有序的话语中遍生草芽

一如期待点燃的导火索，即使说起

爱情、海滩、落雪的黄昏，选用的文字

也会突然破碎。仿佛我们登上了一列

开往灵魂不灭之地的火车，车厢里装满了

忧伤的玻璃球——在抵达目的地之前

我们得把玻璃球的数量准确地数清

所以，当火车还在飞驰，我们一直低头
清数着玻璃球，以至于后来忘了对面
坐着一个陌生人，他也在数着忧伤的玻璃球

路遇居士，回答

前年沐手抄了不少经书、古诗

去年荒废。静入世界，爆破而行

像个喝酒大醉持枪前来

偷雪的贼。没觉得四季变化

一头就撞上这暮冬荒野中无用的石墙

——居士振衣，抿嘴远遁

我蹲到路边，掠开脸上乱发

眯眼细看一群麻雀叮叮啄冰

执着

铺纸，拟抄种田山头火俳句
——"拔草复拔草，拔去草执着"
半土碗加了水的淡墨
置于右边书堆杰克·吉尔伯特诗集上
书堆踮巧塌垮，淡墨泼开
沾染了杰克·吉尔伯特
托马斯·萨拉蒙和王维的诗集
种田山头火的俳句集和一位
墨西哥作家的童话。滴滴墨珠
在封面和书脊闪着微光。淡墨还溅到
书架下不宽的地板上，状如什么
又什么都不像，就是泼开去的淡墨
我用弃稿擦净它们，已至深夜
复铺纸，复半土碗加水的淡墨
置于杰克·吉尔伯特诗集上
提笔抄下种田山头火俳句
——"拔草复拔草，拔去草执着"
不甚得心，复抄了一遍

灯塔博物馆

在岭上小心地挖出一座座洞窟
用于安葬坚韧、完美的枯枝
遇见风暴中不幸死去的鸟儿
就把它们安葬在那些枯枝中间

生活在火山上，与鲲鹏打过交道
拜托它们在天深处，提前搭建
躲祸的场地。火山灰里种出的粮食
要运送一半到那儿去储备

"河流的悲剧总是分摊在个人的
头上。"河流上的人将警告的含义
颠倒过来理解：是自己的悲剧组成了河流
——因为忏悔，他们用沉船一再垫高河床

理想主义者和现实主义者归宿都来自
虚构。你们租住在灯塔博物馆
地下的库房，就像黑奴做着美梦

在迷航船只的底舱蜷曲、扭扣在一起

身体和心受尽磨难。还以为——
船只已经靠岸，舱门即将打开
哦，灯塔！灯塔和灯塔形状的建筑就在头顶
但你们已经是砌入础石的骷髅

神赐的小礼物

梨树的寂静，开花时也不
破戒。像一场雪降落在月亮上
月亮有黑色的枝条
不知藏得深不深

梨树的枝条也是黑色的
从内部屈伸的主干上散开
向着自己举着的花朵
反复抽送、消折

它们急于找到春天的蜜饯
束手观望的诗人即使远在异乡
也能明白：在天堂里捣乱
违规的事物也异香弥漫

我与父亲扛着房梁去荒丘
建盖新屋。父亲说："不慌，在树底下
歇一会儿再走！"用手指搓捻着

几瓣梨花，他讲起了鬼故事

寂静。花朵的白色火焰
寂静。枝条的古老欲望
新屋被废墟取代，我还是觉得
有人居住在时间的梨树上

这一切都不重要。包括雪
种梨树的人，神的理想。但我会小心
维护记忆中自在的美，丢下婆娑世界
伸手去接神赐的小礼物

读帖

众多法帖都是无心之作。水写在水上

临风书于风中。毛笔是多余的，树枝、铁棒、手指

在空中破空。心无我相时，心上的一束凤凰尾巴

也是长毫，天然地摇曳，遂有锦绣生成，遂有死去的汉字

凭空再生。近几年来，胸中烟霞遮住了丘壑

僧侣的书帖我读得相对多一些，墨书，血书

有的帖子完成于深山，走的是世俗的老路。有的帖子

无形无骨，字字落空，找不到出处和归途

大多数的帖子结缘于抄经，上面的字没有章法可言

也不见新章法的端倪，必须一再地认真分辨

方见字字均有托寄。有星斗或秋蝉在鸣叫，鲜花或信众

在来往。有的页面上纯粹是一群僧侣在静修，或在集镇化缘

页面的反面，往往又是无解的奇文形同命运

有一些字，是往死里写，笔笔全是幻灭，集体圆寂的景象

唯有人间的静默可比。令我费解之处，不是僧侣也有

气贯长虹的刀锋，而是经卷里的部分常用字

屡屡写别、写错，感觉抄经的僧侣神思已不在经内

弘一法师的《心经》分心于重复字词的变化

经也被放到了一边。野史里说，横断山中的一个武僧

月圆之夜，必在两面绝壁间舞剑，所用之力不弱于莽汉

绝壁上留下的法书却似香烛上袅袅青雾

意在以此为栈桥，让得渡的魂灵向着月亮飘去。以幻象

释解人生，从来都是一条乐观的捷径，我乐于沉醉其中

想象那绝壁上的法帖之美。不过，僧侣也有亲朋故旧

他们的信札和赠送友人的诗稿，白云生处有钟鸣、烛泪

八行笺边上，还有反复叮嘱的，断绝不了的杂念

字字掺杂着尘烟与仙骨。那多于文字的留白

可容留世内与世外的一切。这类法帖，我引以为知己

枯坐至落雪

黑夜中一个人枯坐

一直跟在头上的月亮没有跟来

河水曾经闪耀着波光

现在是液化的岩石、苔藓、空气

搅和夜色，在栈道下的河床上流动

而且仅有它们还把流动

当成一件大事。轰响着，粉碎着

朝着我只能想象的方向

黑暗世界中的山体说不定

也在无声地集结、流动，与它们

方向相反，但我看不见

我的肉眼的确什么也没有看见

一只夜鸟吼叫着飞过头顶

除了叫声，我也仅仅觉察到它

向下扇动的翅膀，差一点儿

拍击到了我倾向于河流的脑袋

天快亮的时候，开始落雪

一丝丝灰白闪现在栈道护栏

我宁愿它们是即将降临的白昼

在高空被搅碎之后落下来的碎屑

也不希望它们——因为审美的需要

前来摆开辽阔的视觉盛宴

我拉紧围巾，伸手抓住一根松枝

僵硬的身体摇晃着，从轮廓

逐渐浮出的栈道上站起，离开

修灯

一

世界会怎么回答，取决于我

问了什么。我问它什么时候才能听见天鼓声

它不会把月亮上雪灾的死伤人数告诉我

我问它："一只发情期的羊羔穿着白袍

为什么要固执地行走在群狼修筑的铁轨上？"

它回答："哀伤给人带来空想、消沉

但哀伤的自由度以后还会放得更宽……"

二

天亮的时候，身边放上一桶米

我坐在门前数过路的行人

过去一个，就从桶里拿出一粒米。有些人结伴而行

一次路过很多，我就先数人头，再慢慢地取米

——如果从黑夜的方向长时间没人走来

那天中午无米下锅，我就会饥肠辘辘

三

"松下问童子，言师采药去。

只在此山中，云深不知处。"

湖北疫乱。三月二日，电话访问因避乱隐于

宜昌家中的翻译家柳向阳。问安礼毕，唏嘘良久

问他："以加里·斯奈德用英语翻译寒山和尚诗歌方法论

贾岛的这首旧诗，用现代性文字应该译成什么样子？"

八日，他假托加里·斯奈德之笔英译，又转译汉诗如下——

在那棵大松树下，我们询问

他的一位学生，一个男孩

——他呢？男孩回答我们：他的老师

到山中采药去了。他的老师

就在这座山中，只是

云雾深深，不知他在何处

四

沉默的建筑体根据蟋蟀的外形设计、建造

里面住满了蟋蟀。尼罗河鲈鱼

体重达到两百公斤，它吃光了与它同在一片水域的

其他鱼类，包括它的后代——我们的语言

天生就有着自我凌虐的体制，但我的审美观

起源于它慈善、优雅、贴心的这一部分

命运分配给我的土地紧挨着种植罂粟和剑麻的膏腴之土

我在上面种植芒果、玫瑰和土豆。书架的顶层

隔在死亡与幸存之间的书是一本诗集，我一直没有

把它抽掉，觉得它应该永远卡在那儿

死亡之书与幸存之书，开本、页码、插图、外封、字体

所用的纸质，见识过的人都知道，它们的区别微乎其微

像一对孪生的国王。不能让它们遇上

尽管它们的母体是同一个。诗歌的语言至今

庇护着我的梦想，我希望它能让两个国王

不知道对方事实性的存在。如果诗集今后偏向谁的一侧

或是闪身，那都是不幸。今年春天，不幸的死亡

幸存的不幸，就像是世上的每一颗人心同时变成了

嗜血、隐形的怪兽，跳出人体之后疯狂地反噬

遭到遗弃的我们。它们以春风之名卷走了

一切：名字，江上的客轮，朋友和亲戚分享的美酒

子夜的钟声，原本没有但假装充裕的父爱，软刀子

墓地上的花和床头的花，有枪声义务的鞭炮……

只留下飞往祭台的一只只孤雁，等陌生人敲门的孩子

无法仰望的天空，空荡，找不到仇人的哑巴，沉睡

和梦境中盘旋的秃鹫，窗外的落日，鸦噪，错字

散掉的经书和思想力受损的诗人。我是遗物中的一份

——死掉的，逃亡的，不知羞耻地活下来的——

组成陵墓一样的等边三角形，我没有弄明白，我是

其一，还是按照预先设定的尺寸：三条线都是我的身体在弯曲

五

地铁公司的新线工地，从黑暗中走来

修庙为生的人。项目经理知道他们有非凡的技术

给多数伙计安排了岗位。唯有那位苍老的造像师

又被送回地面，让他看守一座空间阔大的厂房

——里面的一尊尊残损厉害的菩萨出自地下

错乱地堆放在生锈的机器之间

项目经理叮嘱他："对信仰的人来说，这些

重见天日的菩萨比新塑的菩萨更有价值，一定不能

移出厂房的大门！"他明白，信仰的价值与神像的新旧

关系不大，但他还是惊讶得像个年轻、懵懂

没见过世面的异教徒：修建一条公开的地道

竟然从地宫中搬出来这么多让路的神灵

六

坚固的桥梁中断，烟花止步于天花板

悬崖内蹦出异端的岩石，灯塔倒入大海

堤坝决口，没有罪过的人自主骑象前赴高山法场

信徒传播病毒，大门口站着陌生人

——不少人相信这些都是偶然事件，后果致命
但不能怪罪于具体人物，我觉得不是，而且肯定有人
是谋断与制造秘密的"那一个"。是的，就是他
一会儿与我们背道而驰，一会儿满脸堆笑地向我们走来

七

在自我完善的理论中偷渡
他因为预先把墓地选址于太阳
你因为悄然搬离自建的迷宫并悦居于死胡同
我因为被羁绊于黑暗冰冷的道观而绑架者不知去向

八

楼顶上，之前邻居遗弃的一盆山茶花没有
受到限制，枝条长出了自由的形状
花朵开出了自由的红色和香味。受到限制的是暴晒的衣物
它们被木夹子固定在颤动的铁丝，自由仿佛才开始

又仿佛接近了尾声，在春风里用局部、倒影和幻觉

上下翻飞——如体操运动员在双杠上心怀使命

充满难度和风险地表演。双手脱杠，有人呼叫

空翻之后又牢牢抓杠，从杠上腾空而起并马上稳稳落地

呼叫声更多。此刻，运动员退场，衣物还留在杠上

限制它们的木夹子被它们反身包裹，就像我们

不惜代价地掩盖现实中套在颈上的绳索和记忆中

不会愈合的伤口。今年春天，我能有一片楼顶

也许是侥幸的，但让我暂时被救下。不是所有的痛苦

都必须把"神"请来作证，或把痛苦之源追溯到他那儿

请他让光降临我们的鼻尖。是的，墙缝里透来

门缝里闪现，地缝里涌出，书籍中和电话里传递

一丝半点的光，就能救援那些看见它的人

黑暗并不是特指白昼消失，把黑夜征用为白昼同样

是在强迫人们认可深渊无限扩张的事实。颜色

已经证明不了什么，内心被黑暗占据，那就说明黑暗

无处不在。感受到了的，就是真的，必须让神看见

照亮。我珍惜楼顶上的这些：不能叫作光的阳光

风中铁门的闷响，水塔，云朵空投的黑面包

乍现乍逝的鸟，邻居老人的苦脸，停飞的树叶，以及作为

延伸部分的另外的屋顶、俯视中的空街和树冠——

因为它们和我一样侥幸，是我身在黑暗的书房

尚能选取的倒叙中的转折点和窄门。幸存者的幸

在于他有一次使用"但是"的特权，比如"……但是

我孤身留在了冤魂中间……"。比如我在屋顶上犹如困在山顶

"但是"跳出，接下来的句子就是——换一种视角来看

因为在屋顶，目睹了尘世瞬间灰败的一角，我像

一个放哨的人被推选出列，眼看天空的冰山正撞向我们

却还在催促被弃的衣物前去找寻它们的主人

九

晨起，看到窗外全是躁乱的翅膀，从整片天空

密集地，飞刀那样向我杀来。哦，海鸥

它们在厉叫，暴风雨一样。已知天空又生祸乱，而且每次

都让我怀疑又有灾难自上而下。等待灾难不比经受灾难

更容易，但我还是在炉膛内慢慢变得坚硬、麻木

烈焰中既是顽石又是灰，一对一等候着结局

目光看着海鸥，又像是耳朵在听悲声。我不时

用手摸摸窗户，证实窗户存在。不时打开书房的门

又关上，证实它没有被封住。摸书，摸灯，摸水龙头

为了知道它们还在身边。用五个杯子同时泡了普洱、龙井

红茶、黑茶和白茶，骂墙为何如此高大、坚固

——谁也帮不了谁啊，尽管埋头度日，其实我也知道

海鸥在自由的天空挨饿，我在封锁的公寓孤守

我们都在空洞之处摸索食物，而奇迹没有闪现

十

菩萨会怎么庇护你，取决于

你祈求的东西他能否从别人手中拿来转送给你

乐观的说法："船只正航行在到来的，剩下

最后一公里的航线上，信使正站立在到来的船头！"

在你下跪的背影之后，烟囱绵绵不绝

向上献出的云霞，像行道树一样排列。你将迎来

永生的默许——但只对你一个人有用

而不是一座体育场入口，或一条新的跑道

十一

突然挤满哀哭、像驼背一样缓缓行进的人群。突然又一个人
影也没有，你能数清负重而行的人留下的脚印中死去的昆虫。
完整的纸幡消失了但它们的残片挂在旁边荆棘的刺蓬上面。
那些碎碎叨叨的、针尖对麦芒的、死无对证的叙事，那些做
弧线运动的、多少带有表演性质的、就此别过时的大呼小叫，
那些昨天夜里还充满忏悔与歉意的独白——相同的一批词
语——次日迅速变成要求对方向本尊感恩的通牒，它们被蟋
蟀、青蛙和蝉录音，没有听众也反反复复地播放。电影散场，
多数的垃圾被回收利用——眼泪、悲叹、瞬间的反抗冲动概
不例外，沉醉、赞美、反刍尤其如此。双膝跪地时移开的异
形石块被另一群相同身份的人又向前移动了几米。"突然"
与"突然"之间时间从不遵守律法，凡是上面埋着的种子，

死神也不保证它们是否有机会度过萌芽、抽条、定型、衰败、枯死这样一个有序的过程。灵柩之所以抬高，是为了移出人世，然后沉闷地放下、埋掉。——我所描述的是"送葬之路"诗化的基本形态，是"经验"中归于失败、消亡、无痕的绝大多数不会朽败的常识，不是"教训"。教训没有机会更正，健忘症导致的遗忘与遗恨对"现代性"无用。变，剧变，均是朝死里变。把一根权杖变成一束玫瑰花那是魔术师的戏法——他的魔箱里早已准备了权杖和玫瑰，以防意外事故，相同的权杖和玫瑰也早有预备，绝对不会出错。加缪的《局外人》开篇就写道："今天，妈妈死了。也许是昨天，我搞不清。"加西亚·马尔克斯的《霍乱时期的爱情》中，乌尔比诺医生在追捕鹦鹉时摔死了，墓地紧邻"一小块用来埋葬自杀者的土地"，他并不在意的他的情敌和爱情继承者弗洛伦蒂诺·阿里萨便对他的妻子说道："这个机会我已经等了半个多世纪，就是为了能再一次向您重申我对您永恒的忠诚和不渝的爱情。"而他的妻子费尔明娜·达萨也不出所料地在葬礼过后二十年与这位加勒比河运公司的董事长重新相爱，登上了一条不会有终点靠岸的船，开始了他们"杀死老虎后不知该如何处置虎皮"的暮年旅程。两个葬礼，真的很不幸，它们都被当成了作者与主人公合谋的"精神诉求"的趣味性过场，送葬的路不是被烈日炙烤得"黏糊糊黑"的柏油路，就是被暴风雨冲捣出来的一片泥泞。伊萨克·巴别尔的《骑兵军》里葬礼不少，与我在云南南部丛林中所见的瘟疫后的村庄里的葬礼相似：人倒下去的地方，死亡本身就是他们最隆重的葬礼。人人都有的神赐的送葬之路，骑兵多尔古绍夫的那一条是请求排长阿弗尼卡射向自己的那颗子弹笔直的飞行路线。染疾而亡的山里人他们的几百条送葬之路就是一条——正如上万的人死掉也只是一个人死掉甚至没有死——断气之前他们拼命从亲人身边挪开的那一寸、那一尺、那一丈屋檐下的石台阶，而且他们各自的亲人也在挪离他们，都知道自己将亡，必须把生留给对方，每个人在挪出一寸、一尺、一丈之后，同时断气。他们的送葬之路是死者尽最后的力气离开另外的死者，死者与死者之间那一条路只有一寸、一尺、一丈。也有人几个或几十个在死亡之前相约，去到寺庙后死死地抱在一起，然后点燃了经书。送葬之路在大火熄灭之后才显露出来，那就是灰烬中没有毁灭的石雕神像高出地面的那一截。

殉道者从那儿离开，火焰的遗迹在竖立着的"天路之躯"上盘旋向上……我所在的大街是单向街，照我的观察，当高速行驶的车辆丧失了"对撞"的革命性而"追尾"又总是被指控为"失控的攀附"或"小心翼翼的政变"时，那该死的"偶然性理论"就会对蓄意的谋杀进行卷土重来的开脱——什么劣迹都推给天意，尽管他们一直在前后矛盾的理论中毫无顾忌地说着有关天空的坏话。而当"追尾"变成背后放枪、抄底与倾轧，慈善之光极度稀薄，失控与法则之间只剩下单向度的暴力，他们逢人就说"邻居的幽灵"混入了我们的方队，它们才是恶行之源。你听，愤怒的哭泣声响起来了，间杂着粗鲁、失智的诅咒。我在想，现在的大街说让它空荡它就因恐惧而迅速地空荡下来，如果当人们心怀恐惧但又说服自己现身于大街，现实必将脱离虚构。哦，单向的大街，它也是突然间就空了下来，就像是一段时间以来我们中间没有死过人，它的送葬之路的属性已然被删减，空荡即圆融。"没有灵魂"的商人罗阿依萨，嘴唇像农牧神的那样肥厚，喜欢用划船的苦役犯般的嗓子在葬礼上高唱挽歌，以求让"墓碑也落泪"。现在，他特殊的令人心碎的"爱好"终于可以打住了。直到今天下午，我才看见单向大街上，有一群踩高跷的人戴着面具轻飘飘地走过，"夺夺夺……"的步伐声竖起耳朵才能听见。不知道是杂技团的人出来慰问演出，还是什么人在模仿他们。

十二

黑山羊照镜子，发现自己是一头黑豹

黑豹来到同一面镜子前，发现自己是一头黑山羊

它们因为饥饿、仇恨，凶残地撕吃对方

镜子外一堆骨头，镜子里一堆骨头

——那个把镜子背到山上来的人

天黑之前，又把镜子绑在背上往山下走

山顶上的落日，镜子里的落日，它们就像是

早晨升起的太阳终于看见了黄昏落下的太阳

读剧笔记

第一幕：被火车遗弃在山中小站

俊逸的年轻道士贴身藏了

妄议真理的一封密函

第二幕：城市郊区的上空乌云滚滚

向下垂落一根血红的牛皮绳子

上面挂着道士鼓满冷风的道袍

第三幕：为了讲一个更大的故事，舞台上

太湖石堆成方阵，隐喻道观里的骨头

几个婴儿在中间爬行着，哭喊着

第四幕：明月正悬于舞台黑幕

它是天地间唯一的留白，圆满，苍凉

湖上夜景

构树上的灯笼把光埋进水中
晚风则想把光尽快刨出
——涟漪的形成并非湖底安装了动荡的涡轮
而是我们看见的光，它们像燃烧着的铁柱
被藏匿在透亮的物体内。水体与晚风
为之持久地闪烁、震颤
如可有可无的革命每天都发生无数次
但又总是止于闪烁，止于震颤
无人发觉静止的湖泊站到了我们的对立面

中午的寂静

中午寂静。白昼的午夜的寂静。

生活缩减为生存，人缩减为影子，如此寂静。

心头尚有童子无邪的梦想，

眼前却是用抒情诗频繁地去书写死亡时的悲怆。

我在书房中邋遢颓废的样子，

神似父亲暮年蹲在冬天发白的土地上，

抬头乱看的样子。

他的身边北风发出唧唧唧的声音，

我唯一缺少的就是北风

和它唧唧唧的声音。

如此寂静。小猫走路的脚步声，

像这本书里的一个人，

走了出来，到另一本书里去。

林场守灵夜

小说中，这些沉默的人

是互动的，推动虚构的故事往心里去

今晚，炉火闪烁，火光映在这群人的脸上

又把这些脸藏到暗影中

谁也没有心思去思考情节的推进

除了铺张的死，怎样才能意味深长

怎样才能让讲故事的人

在死亡当着他的面发生时每讲一句话

眼睛都盯着死亡，甚至死死地盯着死者

说出遗言的嘴巴，向旁边的人

伸出来又放下去的手臂。大家默默地喝酒

酒碗端在火焰的上空，只是礼节性地

轻轻一碰，眼神和心没有戳向对方

酒的味道则像铁器和树皮长期被水浸泡

散发出来的矛盾之味

为了把故事杀死，直到天光骤白

他们谁也没有喝晕，而且铁牙紧紧咬住

离开之际，围着死者的灵柩绕个圈

也像走过场，替一个死去的夜谢幕

拉开门就走散了。雪下了一夜

门边上一条冻僵的狗把松木门

咬出了一堆毛糙的齿痕

竟然谁也没有听到，或者有人

听到了，但没有去开门

林中天池的黄昏

光团汇聚为幻象。超验之美闪耀，如
一种不常见的特权。光束从不同的立场
照射过来，直立的影子不再是扈从
行走在我的正前方。这些影子
必定先我经历过多次穿心的枪刺
一个个破洞使之只剩下筋脉相连，无从动手缝合
像天然的绝壁上有众多的老虎洞无序排列
投射在我身体正面的光，也就是组成
虎群图案的一块块炫目的光斑
它们是光团洞穿影子的破洞，最终将剩余的能量
烈火一样点燃在我的身上。我的身后
夜色加进了灰色的狼群，漫了上来
生长在夜色里的青草，箭头朝着星空
永远不会发射但在暗中嗖嗖作响

虚美

疗伤的一只白鸟伤愈前离开后

我一直想，再见它一面。摸一摸它的长颈

把头伸到它合拢的双翅中间

梦中起床去马厩里看它，看它啄光

我心里的萤火虫。弃世的父亲带着我在附近的山丘

寻找丢失的人那样找它，找遍很多深渊、空房子、墓地

甚至爬上了山顶国有林场俯视群山的瞭望塔

但我们还是没有发现它的踪影。只看见松树林间

一条小路，时隐时现通向破败的庙宇

那是傍晚——有一匹放生的灰马在夕照中反向

走到了道路的尽头，随光晕移动，想去死，没有转身

像葬礼上虚美的纸马已经点燃

离"毁灭"只隔着有红马形状的一堆火焰

重写湖泊

西岸的滩涂，灰白的草丛

跟着风乱跑，一次次急速强扭方向

拆散的身形间闪出

很少有人光顾的小径

踏着潮水打磨过的石灰石

我走上其中一条

摇摆的草秆频繁偷袭，几只鸟

从牛骨架中飞出，好像是受到

酷刑折磨的人，临终前向外

抛出几张破布。湖水带着光

让岩石站起来，直接用巨浪

给它们冲洗外套。被巨浪裹挟

误飞到沙砾上的鱼，仿佛基督徒

闯入佛堂传教。平放的肉身

一阵阵卷曲上跳，圆唇嗒巴不休

我一一将它们拾起来放回湖中

然而，以前上岸的鱼，它们

早已腐烂，被阳光烤干

弧形的白刺排列有序，光圈闪烁

紧贴在刺上皱巴巴的肉条，则仿佛

贾科梅蒂匠心独运的作品局部

——没有经历过暴力的死亡

在此透出陌生而又熟知的气味

而且不是个体，是一个挨着一个

连成片，完全可以看作水神

秘密的晒鱼广场。从前与人聊天

我说，这些死鱼头，一律对着湖水

今天我再说一遍："这些死鱼头

一律对着湖水。"但有不少的鱼头

和骨架，整齐地断开，间隔

一到两寸。就像是被一种强烈的

欲望所操纵，它们朝着湖水

猛然一跃，结果硬生生挣断了自己

湖泊：一面不规则的魔镜被自身

涌出的水，一层又一层地

包扎、封锁。可来到岸边，我看见

从世界的怀中猛扑过来的白色物体

已经不像是巨浪，咆哮着

也许是饥饿的白虎群

也许是液化的失控的思想

我弯下腰，目光贴着水面看向远处

湖中的那座小岛，同样是一座

建在水体上的敬老院，摇晃得厉害

它的危险之美随时可能分崩离析

雨天出门

雨在天亮之后开始下大

路边的银桦，本来是

一根根笔挺的圆木高高举起的鸟笼

犹如合唱团搭建在

水塔上的舞台

现在，鸟儿飞散，剩下空笼子

零星的歌声来自寂静的观众席

我像往常一样，穿着肥大

空硬的雨衣出门，踩着红土路上

新鲜的泥浆。大卡车

刨出的土坑，雨花飞溅

像一个个受到惊扰的野蜂巢

密集的翅膀凌乱穿梭，但又形成

尖锐的飞旋的铁线团，很少有同伴

在此刻选择离开。我逐一

跨过它们，黑水靴啪啪作响

雨衣里就像是装着

互相撞击的骨头、金属

有意营造出大象或者变形金刚

途经此处的效果。路的两边

桉树的前面，石碑和石狮子的后面

锌皮盖顶的石头屋里，石匠们

还在沉睡。早起上学的孩子

有的背靠着门，手上抱着一条小狗

有的顽皮地躲在石碑内收的旮旯

或石狮子的腹下，笑嘻嘻地等着雨

快一点停歇。有认识我的

大声向我问好。我用大笑

夸张地回应他们，同时抬手抹掉

笑脸上的泥浆和雨水

暮色吟

暮色从天空的反面来临

所以，跟在它后面的波澜

才会那么暗。骑在月亮上的人

也才会那么暗。我从

竹林走到堆放社戏道具的石屋

只用了一刻钟，它

已经把田野包裹完好

准备邮寄给暗中的混沌之王

唯一的例外：把铺开的水稻卷成

圆筒之后，晚风里，像从安魂曲中

苏醒过来的大蟒，身体闪着幽光

扭结成一根根巨绳，翻滚不息

我找出蛇皮小鼓

喝着米酒，静静地敲

仿佛一支部队从天空入侵

我正好一个人站在分界线上，而且

没有通知别人，独自在那儿抵抗

——暮色急于将田野表层

动着的，拱起来的那一部分

钉进妥协的整体。它只是用黑袍

将我罩住，以为我是

一个掉队的演员，正在等候

下一个草台戏班的到来

闪电与桉树

闪电开始时，人们跑到

自己信任的地方躲了起来

我信任桉树，它在两公里外的

山丘下。一眼望去，样子像

撒向天空的渔网，正在往回拉扯

一条条细长的白鱼悬挂在上面

当然它也像是一些灰白色的石块

有着绵羊胆小的心脏

因为躲避闪电从山上跑下来

跑到同一个角落，彼此抱住

马上堆起一座城楼

可当我从田野上走近它，仔细地看

发现它是一道复杂的闪电

被固定在那儿。找到此闪电

躲避彼闪电，如此危险，也如此

令人心安。我很快就站在了

一绺一绺的枝叶下。那一会儿

闪电撕裂天空像在撕白布

我低下头，想找块石头坐坐

结果看到了树底那口干涸的水井

——并且听见，有只蛤蟆

正在里面不间断地叫

像一个钻进黑暗的人在叫饶命

雨夜

今夜的雨声模仿了
大海和钟声。它还想模仿大象和猎象人
两种不同的心跳，但没有如愿
在通往印度支那半岛的国家高速公路上
我驱车向南，又看见它模仿月光
啊，月光如水的世界
一头大象横穿公路
它捣毁了冷灰色的金属隔离栏
庞大的身躯悬挂溪水，悬崖一样行走
仿佛蒙垢多年的铜佛来到暴雨中

车过瑞丽江

学习建造空中楼阁的技艺

再找一个容许我

建造空中楼阁的地方。

一公里开外的不毛之野，

有人排起了长队，他们在等候鲲鹏。

在领取计生用品。或相约去某地做贼。

援教。闯入万圣节的聚会，

鹰一样俯冲。推销锁、刀。哭穷。

自称天生，是拿撒勒人。捐血。装死。

他们存在又空无一物。李白，华莱士·史蒂文斯，

约瑟夫·布洛茨基，组成的可疑之我，

又分解成巨唇、写字之手、秤砣一样的心。

一脸迷狂，从喉咙里喷出大于身体

数倍的火焰。以此换得少数人中间

小心使用的油印纸币。神话总是有着

对抗神灵的另一种版本——雷牙让山，

另一群人排起了人墙，他们幻想着阻止夕阳

落向缅甸硝烟滚滚的寺庙。我将汽车停在

遮放镇郊外的大青树下，熄火，

下车向人打听一个不存在的客栈。

大青树巨幡一样的浓荫迷住了我。在它晚风中

飘扬的气根中间，我站住，一个人排队，

希望能在月亮从瑞丽江上升起来之前，

爬到大青树神殿一样的枝叶里面去。世界的

每一个细小的角落，都会有神灵闪现，

自有其静穆的法度，当我看见，

我必欣喜地接受——即使今夜有诸多侵扰

将我逼向死角，我也接受，像接受

一条蛇用信子摩抚着我的脸，带给我的安慰。

桉树，致陈流

无人查找自己的日子已经

归类于遗忘。钟表停顿，隐迹的飞鸟

长着幽灵迅捷的翅膀，模糊的脸

它们的对话无法翻译、聆听。我确信

这是一种普通的寂静，而且开始朝向

寂静的深处迈步。桉树扭结着躯干

曲折向上，像苍老的舞者在激烈的旋转中

没有放弃盘绕在四周的绿色枝叶并应许它们

春天的观众的身份——隐秘的寂静空间

因此向我敞开：一个新的世界

必有陈旧的青草为之妆点隆起的

地面，也必有没有到来的美学提前在

桉树与桉树之间的细藤上露出芒刺

透亮的空气里存在着金属的冷雾，静止的时间

通过泛灰的叶片传达陌生的心跳

我被理论无情遮掩的光束所惊骇但又

从光束的理论中看到无处不在的沉默的希望

——此刻，你得调遣所有暴力的想象：这是风暴

卷走了狮子，但留下了狮子绵密的肌肉组织

这是造物主收回了真实的桉树外形

但把神的影子安顿在斜坡上供人类辨认

这还是一种不为人知的植物，它想去天空生长

它枝条内向上升起的云朵，就像月光的线团

即将在更加寂静之时猛然散开它众多的端头

我得坦白，当这些桉树既是桉树

又不是人们观念中的桉树，它的造访

令我在初冬的这个下午如获援助

在深入寂静时肉眼看到了寂静本身的形状

品质，象征。尽管幻觉也会将我

领至别的什么地方，教导我把海底插着的橹

也叫着桉树。同时又将画布上的桉树

叫作云梯或者玻璃栈道。在此物中

又一次发明此物，在无物的空间内获取

无物之中藏身于万有与万无边界上的"某物"

我们是不是该撮起嘴唇，吹一吹

响亮的口哨？得意忘形直至万物复苏

——直至我们没有看见的植物都统称为桉树

胡杨

记忆里收藏的塔克拉玛干沙漠

一片枯死的胡杨林

样子像外力撕裂之后放大了几倍的

大蠹。它们的主干和枝条统一扭结，向上盘旋

无始无终地在枯朽，在死。死亡的缰索

绷得很紧但没有拉断，裂开的豁口中

可以看见化石的籽种卡在骷髅一样的木渣之间

既是过去时，也是静止的

现在进行时。死神尚未确认其是否

降临或者升空，生之真理的衣角

由它们的根系钉牢在灰白色的沙丘。它们

以此反对人性化的哲学——如此极端的过程

人道一直没有脆弱地介入，就像对

来自流放地的遗体处以凌迟——它们更乐于接受

这样的观点：它们是指定的一群时间与沙漠

共同雇佣的木偶，套用了胡杨的形象

在此公开演出一场有意让观众对号入座的

没有尽头的戏剧。因为是自然造化

因为被赋予了修行的正见

它们坚信，一种旨趣在于毁灭过客而自身

毫发无损的美学，只有经过我们之手

让我们毁灭，再退还给它们，循环不息

——沙漠中的寂静，才能称之为真理的寂静

冬天，致王士强

压缩天空的高度，冬天到来时世界
增加了事物的影子。岩石退步为岩石的父亲
竹林找到了诗歌里的替身
石阶灰冷、湿润，统一仿制经堂前通向小镇的
那一截。祈福和危险的个性，受到管束
消失如高僧年轻时候品质的瑕疵
几棵云南松，斜挑在鹧鸪啼叫的方位，有雾
有筹备烧柴的人坐在松树底下等候松树
干枯。草丛之间，宗教传奇中白象
运送经书时踩出的小径，后来被老虎
吐出的和尚骨重铺了数次。老虎爪抓出过
一个个小坑但已填平并拓宽了路面，现在由
寡淡的香客在上面训练落叶继续飞舞的活力
也培养佯装干枯的藤条获得方向感
将触角，准确地指向它们条形的心脏
自己把自己编制成篓筐。枯叶蛱蝶在低飞
恍若仙逝的其他蝶类返回来寻找
丢失的肉身。在行驶着的几条山梁的尽头

闪亮的池塘，游泳者让冷风凝固为苍鹭

垂钓者把铁钩上的红鱼放回水下，令无主题的画面

多出了戏剧化的、荒谬的慈悲。向天空觅寻食物

你行至寺院的后山，从匪患时期倒靠在

寺檐的旗杆上，剥掉苔藓，爬到了宝殿之顶

平躺如一张病床，向上张开了嘴巴

一只鹰的出现，可以回应你孤立的乞求

猎杀无中生有之物供你果腹，它为之盘旋良久

但它对群山的整体需求束手无策

它的俯冲、上射，像佛陀得道之前，思想库内

鲸鱼和巨浪之间一艘偷渡的小舟

滇池岸边

柳树立在水里，根须鲜红得让人

一颗心慌乱为几颗心

细密而又柔软，如一汪汪不会融解的血在水下

微微地波动。伸向湖心的石堤

结局一样坚定，就像一艘渔船装载着

被风吹弯之后再无力反弹的高秆芦苇丛

航速和马力与迎面而来的风速和风力正好呈均势

僵持在向上翻卷的泡沫和向下压来的云朵之间

岸上，有两个人埋头焊接着简易铁船

焊光是光中之光，仿佛是他们从俗物中

挤出的小闪电。哧哧哧的

焊接声，刺耳、钻心，则像是他们

正把一条条眼镜蛇的毒信子

小心地注入黑漆漆的船板

苹果树

变形的黑金属焊接为树枝
盘曲、突兀、愤怒。绝望的疯狂
已然远离金属的熔点，不在
软化的范畴之内。所有的线条
就在等着嘶哑的口令，很快
就要整体崩断——而且春山
是如此的阴郁，灰云静止不动
枯草丛像分批的群众演员
披着破旧的狮子皮围绕着它们
我们甚至觉得，一切早有约定
一场以牺牲为代价的哗变已经
不可能戛然而止。大家都在等着
戏剧会以怎样的悲凉或意外谢幕
有人还指望苹果树能像戏剧中
忧愤的群体，代表他们把钙化的
过于现实的理想进行理想化改造
痛痛快快地坦呈于山野，然后选择
自焚。为此山脊上还响起鼓劲的

号角。亮起火炬。但这是妄念而已
苹果树终究没有放弃自己麻木的
本性，它们也有自己的哪怕是为人
所不耻的法律需要维护。接下来
是这样的景象接待了你们：它们的
枝条还没有变软，一颗颗蓓蕾
像粉红的木蠹蛾幼虫，毫不费力地
就从内部剥开树皮，爬了出来
一个小魔术在每一根枝条上同时
演出：木蠹蛾幼虫刹那间灵魂出窍
作茧，化蛹，羽化为芳香木蠹蛾
也就是我们所看到的这些花朵
——哦，苹果花苍凉开放，从山脚
波动着上升，直抵并不明显的山顶
与天空的交混地区。从远处看就像
一个枯白的雪夜，白到了衰竭
透出夜晚暗黑的底色，但永不

消逝地遗留下来，变成了我们

酝酿之中的一次甜蜜之旅的开端

雾内

应该静坐于竹林中等风。观白
擦洗柴油发电机。猜鸟。修门
但我在果园里散步，想确认从枝头
最先掉下来的水果
是木瓜还是芒果——没有意外，
是肥硕的木瓜率先被自身的重量
压垮。而且，有那么一刻，闪着微光的
大海，乍现在木瓜树的后面
给我送来购买木瓜的银币
一堆堆抛在岸上
运输木瓜的铁船绕过一公里处的暗礁
带着几只海鸟，突突突地朝着我的小码头驶来
我清点着木瓜的数量，心想
也许只有从天空掉下来的石头
才是软的，内含丰富的蜜汁

春分

湖底升起来，黑泥耐不住日照

卷起一张张泛灰的脆皮

腥臭、腐草的怪味，混合着猛烈的

涌自地下的浊气，向上升腾

黑白条纹的猫，像匹微型斑马

警觉地穿行在草茬、荷茎和

沉入水底又现出原形的杂物中

浑身全是污垢。它在一片低洼处

发现了几根亮闪闪的鱼刺

抬眼环视一圈，果断扬起爪子

开始刨土。很快，它就刨出

一座白花花的、没底的鱼刺仓库

但里面没有鱼，站在那儿喵喵喵地

叫着，想从鱼刺上找回一群鱼

焦躁的样子，像个愚谬的盗墓贼

蹲在挖开的万人坑骨堆中生火造饭

少年时代的灰鸟

少年时代的灰鸟，栖息在水田

分不清它们是苍鹭，散发雾气的白鹤

还是大雁。只能远远地看着它们模糊的轮廓

像在忧伤的梦中观看直到美梦做完

还没有看清的天使。有人说，你走近

再走近一点，我却退后，退到了积雪的草垛背后

嘴巴里含着一块冰，看着翅膀、颈项、细长的腿

被分成没有身体的器官

猛然夸大一个器官的功能

并让其他的器官捐献给虚无

使之翅膀就是大雁，细长的腿就是白鹤

颈项就是苍鹭。在信仰的血脉两极分化的昭鲁平原

让产生于冰水与寒风之间未完成的饥饿美学

刚开始裂变就宣布结束——向它敞开怀抱

克制地避让，或冷眼旁观，都变成了笑话

我的心则去到了它们之中

依靠揣摩而得到未呈现的下半部分

知道它们不是出自手艺和心思

而是天空持久的美意。藏身的草垛、木床
或者菩萨，即使被人推倒，烧成火焰取暖
化成白灰作为肥料，只要时间乐于向后
冬天仍然像从前那么冷
站在翅膀、颈项、细长的腿组成的屏风后面
我都是一个受到灰鸟邀请、挽留的稀客
它们的叫声，及其丹顶也会像夏天的荷花
向下伸出长长的茎秆，在冰面上

三行诗

时间的铁匣子向着光打开
张开尘封的翅膀飞出来的
通常就是一只招魂的乌鸦

在昭通雪山远看黑颈鹤

草泽的草，只有弯曲的草尖

露在雪外面，草茎向下逃亡

黑颈鹤不急着赶回天空

也没有躲起来。像一场神的聚会

结束后，它们意犹未尽

还留在白色的宫殿，等候着神

必将开始的下一场聚会

它们两只为一体，也有成群的

单独的，好像没有动，但又在片刻

保持着优雅的神态，从宫殿一角

移到了中心或者露台。聚会上

留下的冷餐，也许还有美酒

它们无声地分享。在吃，又觉得

没有吃。天生就是不能与食物

强制联系在一起的精灵

在无人的番地，创办课堂

讲解美学、自由、独立包括排外

向雪花、寒风散发演示舞蹈和

爱情的光碟。脖子扭曲，翅膀突然
张开又轻轻闭合。头往下插
鸣叫突然发生。双脚用力蹬雪
突然向上直直飞出。我想那应该是
因为它们遇上了内心的狂喜或
语言的狂欢，不想藏掖，得用身体
体面地传达地震的强度
它们之间的话题——这是黑洞
——由于语言的不匹配，我只能说
它们正在用希伯来语谈论着我
不知道的秘密。美妙的诗歌
爱的真谛。这样的"猜测"是光源
但肯定有违实相。迎向必要之处
降下的光，租借它们带来的
空白之所，摆下书桌，我为之
不惜冒险越过保护区的铁丝围栏
站到了禁区内一棵孤身而立的
松树下。雪还会继续飘落

它们也必然会被那个背着篓筐

从村庄缓缓走来投食的红衣农妇

驱赶着，招集在一个隆起的

土丘四周，瞬间就改变成一群饿殍

有如白纸上与阴影同生的皱褶

可我并不担心神的聚会

将因此而取消——这些鸟儿多长了

人间的一个胃囊，它们把长喙

伸到天堂外面来取用食物

谁也不会怪罪。它们的翅膀

还会打开，天空之神就会把闪电

华丽的通道移交给它们。如果它们

归宿在停止变化的幽玄一角

世界已静，虚室生白。面对着

孤影，凡是使用言辞的人

都是危险的，轻薄的

暮山花

山上的杜鹃花笼罩在白雾中。像火焰山的烈焰

升高至天国的围墙，老天爷向它扔下来一件巨大的白袍

山间石径上，忙着赶路的布匹商人

这不可言说的幽玄之美，抑或

囚禁在神庙的欲望，他都忽略了

但在暮晚投宿的山中客栈里，一个晚上，他反复梦到

——堆成山丘的红布被人染成了白布。白布又被染成红布

红布又被染成白布。白布又被染成红布。白变红，红变白

白，红，红，白，一直在更替

次日起床，他打着呵欠推开的窗子，白雾先进来

然后才飘进来几块血红的碎布。天上发生了事情

地上也有事情在发生。他洗漱完毕，吃了早餐

结清账单，与陌生人说再见

拿上行李，出门，来到雾中的石径

没有什么可以预料、避开

只为把走在路上的人数凑够

阿普笃慕的河流

听到冷雾里有人喊她，披上绿衣服
她像骑着一棵夏天的树，朝它走去
没有回来，被人杀死在冰河上，罪犯至今没有抓到
三十年，大神阿普笃慕开辟的河流两岸
片区警察祭出了所有杀招，罪犯始终没有露脸。因此酒后
说："凡是五十岁以上的男丁
个个都是犯罪嫌疑人！"

他的话激怒了谁，谁就将他拽到河南，手指河北
逼迫他从冰面上爬过去向大神阿普笃慕的子孙赔罪
每一次他都认爬，肥硕的身躯东倒西歪地在冰上移向彼岸
等他把自己扶起，围观的人已经散场
就跟着昏沉的落日，数着河堤上的白杨，一边走
一边变成现实中的虚构人物

"嘿嘿，阿普笃慕，我就知道你就是——你的后人中
有人就是——那个罪犯！"他缭乱的脚步声，在夜幕中
到处找他逮不到的杀人狂。他在暴雨中站着

走在春天干裂的河床上

无精打采地看着身边走过的畜牲

　"也许你要抓捕的罪犯已经死了？"

　"也许我就是杀害母亲的凶手？"

　"也许我们得把阿普笃慕抓起来？"

他用三个罪犯的声音发问。阿普笃慕不想回答

死寂结成冰。古老的河流将在混乱与真相的漩涡周围分岔

有罪的人也一定会从水底，向上凿开冰层

把更多隐匿的死者，抛到冰面上来

但现在还得等等

等醉酒的警察先从雾中

扛回那棵夏天的树

复活的睡莲

带着花朵回来的事物不能失敬

要起身迎接——春雨，晨光，造物主

当然，在此我特指睡莲

当它的花瓣从菩萨的笑脸里离开

叶片腐烂在水纹与光上，茎秆向下缩回，消失

我以为水平面上的一切已经因它而灭

它把发芽、长茎、生叶、开花、飘香

——整个流程，搬回了黑暗中

哦，当它又浮现在死亡的水面

——有什么消失，就有什么重生

秩序与美遵守着创世的法则

就像神的园丁一直在水下工作

就像佛陀、耶稣、安拉同时降临

就像云南各个民族的创世主也参与了

我有喜悦而无人分享

我有迷狂而无法自治

白犀牛

爱与自由应该像人一样到处存在

不能像天使只存在于天堂

不能像白犀牛昨天才在我们手上绝迹

铺一条以天堂为终点的路

——我们用的是白犀牛的骨头

过荒野得句

花蓬形成的塔，像一群

肥硕的女巨人，满头荼蘼

用小镇的方言和语速传播着香味

一棵柏树站在几棵松树的背后

枯死后浑身裹着灰白的破布

无用的石堆不知是谁垒起

石块如同磁铁一样粘附，犬牙交错

从底部向着顶部渐渐收紧

一种来自天空的引力

罕见地找到了回应

感觉它随时可能像飞碟那样

旋转着飞起，但又被什么声音叫停

不会向上解体也不会向下垮掉

它是如此的坚固，牢不可破

黄昏的大海

夕照金黄，让静立的波涛

统一穿上了国王的衣服

世界因为空想得到兑现而获得片刻的安稳

但时间在不断地粉碎，片刻之后

它们背后的穹苍突然起风，力量从高空产生

所有的波涛果然像数不清的国王

统领着各自的暗礁、群岛开始偏激地游行

而且游行的队伍已经朝着我们呼啸而来

——以国王和巨浪两个身份，向我们示威、抗议

争取它们想要的一切

在它们抱着蓝鲸入睡之前我们得从这儿离开

它们就像是陷入了自己弹奏的狂想曲极端的旋律之中

世界又被导入了某个超现实的节日

坐在岸上，我们没有说话

意念中把沉默的时间一再缩短

沉默在所有角力之中的海洋之外

祈祷预先约好的船平安到来

街景

跟着一匹受惊的斑马过街。中途回头

在杂乱的人浪中寻找输在起跑线上的少年

一眼看见街道上空一团乱麻的电缆线留白处

赫然挺立着武成路中段那座褐色教堂

晚霞中醒目的十字架背后，落日

正好停在了一家旅馆的楼台上

我停下脚步，一边呼喊着少年一边用手

并无恶意地推开撞向自己的他人。目光始终没有

从天空的景象中移开，心头似乎也正有喜悦的美酒

在悄悄灌溉。少年来到，远处亮起红灯，斑马安静下来

我们滞留在街道中间立着水泥墩子的隔离区

身边出现了两支反向奔突的狼群

怒吼着向前。我指着教堂问他

"像不像一座黄昏的发电厂？"少年抬头望了望

漫不经心地告诉我——伸向空中的十字架

的确像一根空着的电线杆。稍做停顿

又补了一句：上面挂着

一盏红灯笼，显得非常的奇怪

焚 稿

一

星星把光散完
汪洋把水流完
大地把万物送完
铜钟把声音敲完
花朵把花瓣开完
人把话说完
把死亡用完

二

背对着光，领着女儿晨跑
双臂文着翅膀的中年男人
他的灵魂是一头梅花鹿
女儿的灵魂是一只虎皮猫
他们迎面向我跑来，我闪身让过
看见一个灵魂是金虎的少年

身姿华美，在他们身后跟跑

三

光影中摊主忙着把血擦净，他
只想把骨架上的肉一点不剩地剔光换钱
从不关心畜生由谁杀死
所以你对他说："王屠夫，来一斤五花肉！"
他不会忙着用刀，而是抬眼恶狠狠地盯着你
回你一句："哼，我看你才是一个屠夫！"
有些时候，中午，摊位前无人
他陷在红色塑料椅上假寐。或用屠刀
专心致志地屠杀爬到肉案上的蚂蚁

四

雨点里有金属，射在黄沙上
形成蜂巢似的小坑

巨人不关注这种空门中

才会有人讨论的事。当出游的蚁蝼

万众同时落入密布的小坑，又一阵雨点

射下，以制造新坑溅起的黄沙

填平旧坑，蚁蝼的存在被确认为不存在

这一轮总共掩埋了多少蚁蝼，你去咨询

刚才从两场雨水之间火速穿过

赶去约会的小矮人，他说出的数字

只会体现他可爱的鞋尖上

黏着的那几只，就那几只

五

午后神倦，背靠着银杏

看几位灵魂是野牛的老人演戏

他们先是以夸张的语言叫阵

用意念围攻幻觉中凌驾在他们头顶的

一头神兽。一番对着天空的劈杀

这头"神兽"很快就被击毙在空中

用来祭旗。他们像群少年

以胜利者的姿态咕噜咕噜地喝凉白开

在石墩上摔碎了几个真实的瓷碗

之后他们这才用木剑开始刺杀草丛中

预先准备的猫身一样恍惚的几头

"真实的"泥塑神兽。兽身由狼脸

象拔和狮毛等猛烈百兽的局部器官

杂乱、粗糙地混组而成。而且几头神兽

神性被删,不在位上,止威,息怒

无戡乱之心,剑尖刚一触碰

便裂身、碎断,经不起几位老人

吹灰之力的拼合一击,瞬间

就在他们的剑下露出"瓦猫脆弱的底牌"

他们互为个体又合抱为一座群雕

拒绝围观者保守的审美观念但又

向围观者宣告——他们及时地

充当了危急时刻的扳道工

没有让世界的火车跑错了铁轨

六

事实上，守弱的人不善把握尺寸

他们对单纯的濒死时间的演算

犯错率最高：死于深度恐吓

他们得出的结论是用时一个小时

死于横祸、暗算、公决，他们的答案

都是用时一分钟。文化馆门口，他们今天

一共来了三位，在落叶堆里为我们

演算。开场戏是他们中的一人

演算某人在街上无端被群殴致死

——他在提前录制的打斗音响

"伴奏"下，舞蹈一样呈现那个人

被一个隐形的群体团团包围

意外，狐疑，质问，威胁，妥协，求饶

反击，求救，喊疼，放弃，认死

被活活打死，蜷缩在地的全部流程
身体始终在翻跌、挣扎、自卫
声音由哭腔慢慢减弱直到休停
眼睛怒睁，双腿蹬抽，头偏向一边
用时 30 分钟。接下来换另一人
他演算某个自焚者，汽油浇在身上
点燃之后不仅没有乱跑，而且
没说一句话，焚烧的就像是铜像
从火起到人亡，用时十分钟
他说："这个人在自焚前
已经死去。"之后他们还演算了
人被豹食、虎撕、鲸吞，碎片化
或整体消失，惨烈感不同，用时
则相差无几。三个演算者身穿
红白交叉的格子衫，隐喻他们本身
在贴身的牢笼中关押，但他们
演算所得的时间，我以为
仍然在出错：被动之死所需的时间

一定比这些时间更漫长或更短暂

七

童车里的婴儿没有佩戴口罩

年轻的父母及其外公外婆

爷爷奶奶，人人佩戴严实，围成

一个铁桶阵，推着他到大街上透气

他们像几个护送未来之子

踏上未名星球的不速之客

使命限制了个体的欲望，但又

忍不住在禁区隔着口罩

狠劲地吐纳，目光闪烁着惊恐

也夹杂着违禁的羞涩的喜悦

婴儿如同刚脱离襁褓，舞动着新生的双手

反复去抓母亲弯腰摇响的小铃铛

身体向上，向前，一次次就要

掉到童车外，爸爸将他按住

他还是不停地去抓摇响的小铃铛
——这是今年春天，在户外
寂静的户外，我听到的最悦耳的
两种声音之一。另一种声音
也是同时响起的，但来自他们身边
隐伏的死神。他暂时停止怒吼
世界一片沉默，从他打开的缺口
传来了这个婴儿稚嫩的声音
"咿呀，哇哇，嘎嘎，呜呜
嘎嘎，咿呀，呜呜，嘎嘎，
呜呜，哇哇，嘎嘎，呜呜……"

八

夜晚。寂静又增加了体量
降低了温度。所有偷换了灵魂的人
后悔没有偷换灵魂的人，他们
从会计师那儿获知：麂子

是唯一没有被选中的动物。把它

吊在月亮的弯勾上，晃荡着

慢慢地烧烤。香味也是一种光

让暗中的面孔闪现，它比其他光

更有活力，也比镜子更能反映

未经修饰的欲望。记不清是谁

撕走了第一块肉。内脏是谁

掏空。骨架是谁搬走。那得到

最后一根骨头的人倒还坐在

青苔包着的木头上用小刀耐心地

剔吃着带血的肉筋。他的灵魂

是一头老挝红牛，反刍的时候就会

用尾巴拍击自己的屁股。快乐

是低级的，但在它嚼碎的大杂烩里

你找不出哪一种黏糊状的东西

是令它快乐的兴奋源——你

由此推断：失智者及其深夜

什么都是低级的，但又是星座

照耀的。刀骨的碰响，渎神的

脏话，叫人不敢打盹。叫人担心

有一头猛兽以人的名义咬住你

而你也不甘心灵魂的雪豹

被活埋在烧烤麂子留下的

油腻腻的灰堆中——而月亮

是私有的，你不控股，不管它是

画的，雕的，剪的，还是

想象的，异化的，有性别的

它给你的怜悯就是你给你的

你发现它离你很远，是你与自我

离得很远。是的，这是别人的月亮

它的光对你来说没有香味

麇集在你四周的是粉尘，是所有

向上的树枝反过来朝着你抽打

而走掉的人也在此刻正好折回来

取走了你用来取暖的血腥的麂子皮

什么人还在你身下预放了

冰块，你没有移开，没有嚎叫

九

人类的孩子坐在秋千上

荡向天空，他砍断绳索

前往天空的孩子再也没有从天空

荡回……哀牢山的审判

需要证人出庭作证，人们费力

登上山巅，对着天空

喊孩子的名字。没有一个孩子

回应。天空变脸，向下扔来

蜂鸟的、蝴蝶的几对翅膀

——有人将所有能产生乐趣的东西

埋在了峭岩旁，就等孩子

落下，然后将他们埋在那儿

他们已经不抱什么幻想：孩子

去了天空，厄运也会紧跟而去

杀人与杀天使，凶手是同一个人

而且早就开始了，神没让他收手

蔚 蓝

嘎汤帕节在佛海山中。方圆万亩
全是雾霭。登过的山峰、迷过路的深涧
哈尼族的神话一样讲述后又被
收回。再次复述，岩石移位
茶树变成泡桐。黑虎麇集的河岸上
主角换成横渡的汉人。我们就像受雇于
时而前行时而倒退的坏钟，时而
敞开时而闭合的巨蚌。对顿时
陷入一片灰白、沉入海底似的处境
没有异议。这如同在登天路上攀登
晴朗的天空掉落一团云朵，将我们
罩住。也像是在阅读一本奇幻之书
在某个悬浮的段落，情绪松弛
脱离了前往幻境的叙事主线，却有
旁逸斜出的好事之徒途经那儿
顺手把我们掳走，关进一座
潮湿的白色旅馆，又忘了我们
"能见度极低，失重感带来匿影的窃喜

也带来消失的不安"，当天的

日记本上，你这么形容最初的感受

但随后——哐啷几声，有人往桌上

放几把刀子——剧情出现反转

一盘盘烤肉端上雾中的餐桌

就着加满钢化杯的玉米酒

我们歪着腮帮子，大嚼特嚼

世界上能听见的声音就是用刀

切肉、牙齿嚼肉和剩骨落地的

声音合奏。间或也能听见上海诗人

默默笑着问四川诗人李亚伟

"亚伟，你吃第几块了？"亚伟埋头

吃肉，含含糊糊地应着。默默又说

"一定要吃带着肥肉的那种……"

经验急着寻找信徒，食欲挟持吃相

待到酒宴正式开始，我们早已

吃得一脸的油污，喘气，腹大如鼓

雾更大，山林间，公路上，寨子里

没有一寸地方空着。鲜红的

三角梅高过屋檐，也在瞬息被

白色涂料改革了色系，一丛丛芭蕉

则像沉醉的野象安静地卧伏屋后

大雾继续逼向死角，乡宴被它

向后拉回或朝未来推进

时间变得不再逼真，万事万物中间

隔着一层白灰。这种小概率事件

如此唯美，在今天被触发

"吃，蘸着辣椒粉吃，吃好，吃醉！"

宴客的主人留在雾里，只朝我们

伸来端着酒杯的手。她的热情

与山顶上的神母宴请众神

爆发的热情如出一辙：狂醉之期

构树沉醉而红椿醒着，白鹇翅膀软了

但孔雀忙于开屏，大象已经瘫痪

老虎还在旁观——这都是有罪的——

醒着的灵魂将被制作成皮革

"喝啊，谁也不准衣冠楚楚地离开

一头头牛羊正排队等着跳入烈火！"

肉山酒海之间，在场的人仿佛

腹内又多出来几个胃囊

人人代表着一群饿死鬼

当雾里混入夜色，你从竹楼走出来

内心有背主人美意，脚下有点虚飘

径直来到公路旁，靠松而立

去或留，是傻老头的问题；看车辆

来自雾中又丢失在雾中，说此景

乃是一座奔跑的"迷楼"，你不认同

你是因为看夜雾，灵魂出窍，不分

此处与彼处。在呢，这就在着

在公路旁、花下、后山，或一直

杵在雾中的餐桌边，是一样的"在"

你在的地方，同桌共饮的人

即使烂醉，抱柱而眠，他们也在

与你同游。与风。与树。与鸟

你与你。一个人等于几个人

一张嘴跟几张嘴对话。公路边

有山上的溪水流下，解渴

几捧就够了，把头伸过去冲洗

则要用掉几十亩麻栗树光滑的叶子

攒下的雨露。连他们一起洗净

你得领着他们沿着溪水去寻找湖泊

——像一个醉汉带着一群幻影

向着未来流亡。你不想因此而惊动

这必属未来的溪水，而且你怕冷

怕流动。有形与无形之物，即使

在夜晚也穿着白衣服，轻逸地抵消

列阵而来的绝壁。所有房子里的人

集中在一间房子里，房子被白鸽

包围。出行的人就像是行走在

一块没有边界的白琥珀中

这才是你迷恋的东西。给世界送葬

或给太阳制造谜团——滚动的

这雾中的欢喜王国，大海登陆一样

出现，你必将为奇迹的诞生而颤抖

但你也无此心，站在叛乱塔的顶上

蔚蓝扑面而来，你一定会听从

李亚伟从雾中升起的喊叫：兄弟

快点下来！——在，在拉祜人

酒后乱敲的钟声中，接受终身

优渥的待遇：无论何时手边都有

令人沉醉的美酒，同时也坦然

接受灌入体内的雨水和雾气

与云雾线上弧形的蔚蓝，白月亮

黄昏登高的人，同在。但分居

世界的上面和下面，外面和里面

黄蚂蚁

来到我们桌面，在咖啡杯旁边

寻找糖渣的这只黄蚂蚁

它内含的时代性就是它没有计算出它的

死期。不知道自己的残骸不能与钻石或笔尖等价

它的死具有新闻性，世界却顾不上关注

作为蚂蚁的蚂蚁，作为人的蚂蚁，作为世界的

蚂蚁，甚至作为上帝的蚂蚁

结局都一样：因为糖渣而陨灭

谁的手上都不会出现一纸悼文

不会的，尽管它被摁灭的瞬间

正好有一束冬天的阳光把它照得通体透亮

小猫

伏在我膝盖上睡觉

这两个月大的猫是台小机器

运转起来，呼呼作响

没有什么事能比从小猫身上

发现巨大的能量更令人快乐

但也没有什么事能比学会运用它的能量更困难

我在残忍的写作中衰老，力图阻止诗歌

让一切残忍变得合法化

尤其是词语的变质令我忍无可忍

我越来越懵懂、通俗，对陌生的事物

缺乏同情心。身体安静如月亮

散发出来的光没有一点儿响动

只有心还是燃烧的矿石

哦，巴掌大的小猫

天凉了，我用一只衣袖盖住它

春天

山顶斜坡上挥锄的那个人
别人以为他在向着天空空挖
或挖山顶上的白骨
——他是在石缝中种土豆
挖累了，喘口气，喝口凉水，又
接着挖。家里背来的土豆种子
堆在松树下，有一部分，已经从肉里
自主地长出了壮芽。就像一只只猫
正从种子内部往外爬
刚好露出头来

冬天在昭通某地

水泥桥静卧，分岔的河流
与分岔的天空形成互相占有的
默契。几排白杨站立在它们之间
叶片所剩无几，有鸟儿疾飞或
停止的姿态。没有鸟。田野上
从远处缓缓走来的人
他们必须穿过一大片
又一大片再一大片的墓碑
绕开露天煤矿下陷的巨坑
才能灰头土脸地来到四条河岸中的
一条。他们肩上扛着木头人
向人们表演一种问答式的社戏
——穿着死人衣服的木头人
在他们肩上固执地提问
他们侧仰着脸回答
或者反问。非凡的现实寓意
是提问的前提，答案却永远是错的
需要荒诞的智慧和幽默

拿现实开玩笑，引出反命运的阵阵

笑声、尖叫。就像墓碑变成儿童

手里抓住仙鹤，和死者

进行你死我活的一次次猜谜

天幕上，飘起零星的雪花

纯白之美，可能选择某个白点

作为它的起点，然后大面积铺开

但没有发生。端着饭碗看戏的女人

一哄而散，下地劳动之前

把白衫换成了黑袍

火焰或者春风

去父亲坟前坐一会儿
见到枯藤、黑草
占据了坟边的空地。欣喜与衰落
背着我发生，我看到的正好是衰落
把草点燃，浓烟向上升起
像天空垂下一块黑布

火焰跟着风随时扭转腰身
制造着旋涡。在飞扬的火屑里
我跳跃，躲闪。我看我
就是一个在元宵节晚上表演
铁水飞花的老艺人，有意制造险情
逼迫自己赤脚去踩滚烫的铁水

逃出来，站在旁边墨绿色的
白菜、青菜和胡萝卜共用的地块中
眼看着父亲的坟很快就被烈火
吞进了红色的肚子。我开始感到

焦躁和不安，希望火焰落下
坟头早一点归来

这一片土地从前是大荒
鬼走路，也能响起脚步声
今天到处建起了骄傲而低俗的房屋
父亲的坟，是一座安插在人间的
暗哨。有人站在窗口喊我
声音一点也不真实

我想不起来他是谁。他说
这么大的火，应该用来烧烤
一篓筐土豆。他声音里的土豆
烧成黑乎乎的圆球
我用石片刮出金黄色的外壳
但很犹豫，不敢张口就去啃咬

当火焰变黑了，夹着

一撮撮白灰，贴在地表上
我凝视着眼前这座隆起的黑土丘
突然间觉得我与它之间隔着的
那层泥土变薄了，羊蹄也能将它
踏出破洞，从洞口进入黑暗

藤条还在冒烟，表皮裂开的
创口，如神秘的小嘴忙着品咂
并吸走残存的丝丝火苗。由此往西
阿普笃慕率领诸神用马骨砌成的
峰峦中，我听见鹰嘶、过山号
已经回响在招魂祭坛的四周

一首诗的两种结局

我们一直在大海练习跳水
一万次，身体插入波涛之前
后脑勺都以毫厘之差
避开了致命的金属跳台
有可能发生的
死亡，没有发生
一个偶然的幸运事件在海边
疯狂复制。如果上帝
没有守在跳台上
你所看到的事实就不是真相

我们一直在大海练习跳水
一万次，身体落入波涛之前
后脑勺都在毫厘之间
磕上了致命的金属跳台
不可能发生的
死亡，悉数发生
一个偶然的悲剧事件在海边

疯狂复制。如果死神

没有守在跳台上

你所看到的事实就不是真相

一忆

唉，多少彻痛或狂喜

忘得干干净净

竟然记得高中时代一个

星期六的早晨，洗头之后

骑着单车去集镇

——头发是多么的蓬松啊

它挂在头皮上，盖住了耳朵

随着清风，忽上忽下，一闪一闪

散发着苹果洗发膏的香味

仰着头，迎着橙色的阳光，吹着口哨

双脚用力蹬车。单车越过荷花塘

越过果园和绿稻田

在坑坑洼洼的河岸上

跳跃而行，像在飞

哦，他是多么的明净啊惬意啊

酣畅啊快活啊喜悦啊无忧啊

令人无端地浑身热气腾腾

几行

没有水

我们所在的髑髅地

古老的种子埋得太深

还没有发芽

雨带着疑问一直在下

但下错了地方

下在了大海上

午间买猫

在昏暗的房内，卖猫的女人
从一堆遗物中抓出猫来
递给我。我的手接住了
一个幽魂，异美但令人心悸
门口破烂的棕树下，用电动刀
给老猫除毛，老头的脖颈
挂着一根大金链子，像一个恶棍
以搓揉旧羊皮泄愤。他歪过脸
看着我冷笑，手里的猫
趁机跳到地上。逃命的小怪物
仿佛在跃起与落下时弄丢了皮毛
他弯腰去追，用脏话责骂万物
屋檐下站着的几个邻居，抱着猫
狂笑着，但没有发出一丝笑声
我从臭烘烘的巷道往外走
走出这儿，仿佛就能走到
没有臭味的新世界。朝西一看
战争胜利纪念碑的塔尖上

戳着两朵云。影子东斜

在颠倒过去与再颠倒过来之间

保持着平衡。众多的猫舍里

纷纷探出人面，腰身留在黑暗中

告诉我我受骗了，高价买了只土猫

只要发情期一到，它就天天晚上

站在客厅厉叫，谁也扛不住

我也笑，只有笑声，脸绷得很紧

蝴 蝶

约瑟夫·洛克在丽江
采集了太多的
蝴蝶标本。滇西战事吃紧
他把家当连同标本转运到加尔各答
托付给军舰，借助武力
帮他把死亡之美运回祖国

蝶蛾类中，二尾凤蝶的警戒色
桔脉粉灯蛾黑透了的形体
原本可以绕开捕捉的手。但眼神和
疯狂的心，窥破了所有自卫
脆弱的本质。因此，取消美而美
源源不断，即使是传道者，他们
也不想错过天机——亲手制造毁灭
又亲手让美单独地复活
约瑟夫·洛克坦言："与其躺在
凄凉的病床上，我宁愿死在
玉龙雪山的鲜花丛中。"

那儿到处都是翻飞的蝴蝶

军舰行至阿拉伯湾

被鱼雷击中。炸开的家当

他关于宗教的译文

编写的纳西词典手稿仅仅是零头

三尾凤蝶，红锯蛱蝶，玉龙尾凤蝶

——难以计数的蝴蝶标本

天堂之火一样被点燃

在大海的一角升起、熄灭

为此约瑟夫·洛克考虑过自杀

但他以死追随美的决心，很快就

打消了。战争结束一年后

他重返丽江，在巫师的帮助下

继续用英语编写纳西族百科词典

——能够接着活，他没有

在神灵主宰的玉龙雪山获得过什么

奇异的生存法门。其实他的方法

很简单：从此不再接触蝴蝶

做一份与宗教有关的差事

瓮中之蝉

奇幻的小事件，在独立、自主地

发生：一只蝉

它租下了一个绿色苔藓

包裹着的土瓮。咬啮着自己的翅膀

身形平静但声音焦急地开始尖叫

一刻也不中断。乌蒙山向着四川盆地

倾斜的坡地之上，狼狗耷拉着双耳彷徨

松树遍生凌空的石壁，云朵制造灰色沼泽

各种形质的昆虫以寻找自己的幻影

为使命——分别建立了

趣味各异的理想国。包围着它

也遗忘了它。红枫树上的蝉众一个礼拜之前

还看见它在一张离开了树枝、像失事的

直升机似的叶片上快速旋转，现在

同样遗忘了它。只有它记忆力惊人

还牢牢地记得自己。背板排水

腹部有发音器。三只单眼。以帝王蝉

为偶像，孤单地探索着一只蝉在叫声响起

之后，寡居、孤鸣的正义

同时铆足了劲，将自己固定在前赴

声音戛然而止的演唱会高潮的途中，像一个

洞窟里对着自己反复赌咒发誓的

隐修的老和尚。这只可怜的蝉

它将土瓮当成了世界的扩音器，尖叫声的

体积和重量，一度远高于地下河流上航行的水手

在瓮内，热气腾腾地书写着一部与我同时代

有自传性质的声音史。秋天

在浓雾中冷静地抵达，红枫树后来的落叶

填平了土瓮天生的内陷空间

乌蒙山理想国的领地上

这才有删除了蝉鸣的死寂大面积地重现

——秋风像揉皱了的山羊皮

溪水像撕成细条的船帆，人形的风筝

静悄悄地垂挂在山坡的几个陡峭的侧面

挽歌，寄江一郎

短期的说法：一棵河边的树，连同流水

被寒冰暂时封锁了，进入冬眠

一块巨铁，在熔炉里融化

想变成几十种功能各异的器物

长远的说法：一个人烧成了灰

这堆灰也还有埋葬的必要与价值

而故土欣然接受，这便是善终

如果这个人他很快就会从轮回的渠道重返

我们即使再也认不出他

只要知道他就活在人世的某处

这就是圆满。我相信天堂的存在

凡是人生征途走到尽头的人

都应该去那儿居住。但我还没有

聆听过来自天堂的诗篇，你去了

可以把没有写完的诗句慢慢写完

在梦境里披着月光一样的长发

为我们朗读。为此，我特意为诗人之死

献上花环，不仅仅只写一首挽歌，用文字的泥沙

将生与死中间的河流傲慢地填平

杀过狮子的人

杀过狮子的人，否认自己

杀死了父亲。而所有的父亲

几乎都难逃被杀的宿命，但并不认为

自己就是那该死的

狮子。而且，在金沙江的一个个冲积扇上

当一个瘸腿的老妪，在丈夫和儿子的

坟头挖土，分别种下黄瓜与土豆的种子

挖出来的两张狮子皮

竟然是铁铸的，互不承认对方的身份

老妪把它们浸在水中，多少恶浪经过

它们也不撞击。"嗨，你在干什么？"

淘金的人背着洗床在五十米外的土路上站着

伏在洗床上的儿子因为饥饿

用拳头敲击着他灰白的脑袋。一筐没有

埋进坟头的土豆，让他产生了邪念。狮子

一身锦绣，在水光中引领着父亲和儿子

时间坚如绝壁又滚滚向前，人们在杀与被杀的

迷宫内，自己动手，将自己的葬礼举办给别人

老妪从浊浪上撤走，死结交给上帝

如果上帝对此毫无触动，洗床上的幼童

他很快就会看见——我们的墓穴

只能继续埋葬狮子的遗体，或者土豆

博尔赫斯的信徒在香巴拉

"时间永远分岔，通向无数的将来。"

冷酷的断言夹带着喜悦，如此空茫的喜悦。

——如果这仅仅局限于站在

道路的分岔之处，"无数"源自修辞，

特指一条道路向前延伸引出了几条道路。

那么几条道路分散的终点或圆我们就

一定可以找到。即使所有的终点、连环套，

意味着谜团、未知、杂耍，意味着新的分岔。

它们也不是向下流淌的深潭，至少对

一直在道路上走着的人来说，"将来"只是

博尔赫斯的将来，我们已经站在了

他想象力的刀尖上，并向身后的影子散发

另外的将来的传单。另外的将来，

是"将来"的隐私，是一条道路引发的

筑路运动的产品。但是，时间

抽象的消失方式还是让人难以对抗其本质。

它不在分岔的道路上行军，身影因景物的变幻

而有着众多的替身，人工制造的滴答之响，

也只是基于对生命长度和行程的测量，

不配合一切形而上的结论。它分岔的理由

始终是秘密，如幽灵在空房子内粉碎或翻窗

逃掉。如从岔路上返回的人找不到

他与亲人吻话时矗立在身边的那棵冬青。

如眼前的雪山，它是时间的宝塔，但又在与时间

并行之时被时间平移到了天空的背后。

我理解的时间，它是三面佛的三个侧面，

谁也看不清楚其中的任何一面。它们没有变化，

而事物一直在变化，换代。预想中的不朽

形同一场遗忘了结局的谈判

——谈判的双方针锋相对，手上提着

人头，但也只是到此为止，再无推进的力量。

孤岛冥想

没有掉进陷阱的人终日

扛着楼梯疾行。狱中之人学习养鸟

人手一个小铁笼子

患有失眠症的人在黑夜

靠分辩谎言与真相焦虑地等候天亮

悬念

死人躺在墓穴中，他梦见
自己还活着：用行李箱装着墓碑
以幸存者的身份，在人世上旅行

夜晚的晴空

吃完晚饭，太阳还在森林后面
燃烧，像一场大火准备烧毁
白昼的遗产。我放下碗筷，从餐厅
来到阳台，猫正在栏杆上快速移动
仿佛阳台另一头，暗影里，产生了
几条蹦跳着的红泥鳅。它在
从森林方向投来的余光里，变成了
一只少见的金猫，令人忍不住
多看了它几眼。担心它带着火焰
成为烧掉整个世界的火源
春风，噢，的确是春天的晚风
从森林旁边的湖面吹来
鼻窦炎正折磨着我，但我
还是被浓烈的草木灰气息
乔木杜鹃微微泛酸的香味，和湖水
还没有散尽的一丝凛冽所镇住
它们在空气中找到了我，已经涌到
我的藏身之所。阳台外面的空中

明显存在着一条条平行的、交叉的
看不见的道路。上面行走着
我以前认为并不存在的使者，现在
我妥协了，而且认为：太阳的余光
消失后，它们开辟的道路换一种
颜色，也会在夜空坚固地延伸
复活开了先例，什么样的模仿
什么样的衍生、假借、再造，即使
无一不是冒犯，一再受到惩罚
仁慈的缺口还是没有堵上。我是
多么地热爱从森林中弯弯绕绕流到
我楼下的这条溪水，常常不把它
当作溪水，而是视它为固执地
每时每刻都要来探望我、叮嘱我
为我弹奏的隐逸者。此时它处于
阴影之中，迟落的树叶与早凋的花
漂浮在它的某些弯道内，倒像是
水底下静止的匿名之物的倒影反向

浮出水面。有时候我去溪边散步
自己的倒影像个陌生人，回答
他的某些提问，是头颅向上
与头颅向下的两个人各自独白
每个话题都有反世界倾向——但也
终止于仁慈。词义与声音消失在
某个小瀑布顶端微微上翘的
磐石面前。哗——哗——哗——
溪水捣毁记忆时从来不满足于
捣毁反复重生的镜面。我在阳台
或者床上，听见它把水帘当成
新鲜兽皮撕扯的声响，也会觉得它
这是在把我的皮撕扯成一堆泡沫
而黎明的野象，急速掠过的鸟儿
大蛇，星星，打乱时间的排列
同时在溪水中的某个时刻发出哀嚎
我亦觉得——它们甚至包括凤凰
太上老君和叭岩冷，从溪水借道的

一切，悉数被溪水看成有危险性的
现实人物，正在实施秘而不宣的
刑罚。它多样化的面孔，正好
可以用来作为水的本质的
备注。太阳收走了阳台上最后
几块光斑——如此地奇妙，我看着
这些光斑是几块黄饼，长时间不变
几秒钟后却突然失踪，像是遁入了
地板也像是被无形的手拿掉。猫和
我，用这种黄饼做零食，度过了
不少的黄昏，让黄昏因它们而收获
小麦的香味和蔗糖的甜蜜。让我们
在暮色从湖面上涌滚而来之际
得以安心目睹月亮升起在森林上方
踩着树塔，在与地面平行的曲线上
踱步，并不急着紧跟一群灰鸟
向上攀登。清简孤寡的姿态，叫人
无绪地生出蝶蛾有别的喜悦、落寞

今晚的月亮上了色，它明明

一个也没有，却有很多个

属于阳台的，如往常那样白；属于

森林与湖泊的如此反常，红得流血

溪水的两边各悬一个，黄的那个

属于荒凉的剑麻田，另一个则属于

幻觉，是出土的瓷碗，上面残留着

一层古代的面粉。还有几个挂在

我目光的盲区，颜色应该也是

经过了隐士的遴选和涂抹。问题

因此而荒谬：我要这么多出自

纸本和落叶的月亮干什么呢？

这么多月亮从不同的角度照射我

并且照亮我可能进一步退守的山谷

——借我再多的词语，我也找不到

光明的答案。正如众多的月亮相加

一个昏庸的写作者永远不可能

得到一座水晶天堂。我注视着

属于阳台的这个月亮，它渐渐升高

在照耀其他月亮时，遭到对方的

反射，它们的光芒互相对刺

像一群天神的刺猬在天空里混战

有一会儿，白月亮端正地处在

溪水源头的上空，溪水顿时凸显

比月光还亮的弯曲形体，直达我的

阳台下面。朝圣者回到家乡逢人

便虔诚描述的道路，估计与此没有

什么差别。但月亮移开它就熄灭

我为此来到了楼下，与月亮反向

同时不停地移动，只求这条

光与水的道路多存在片刻。尽管它

同样是伸进我梦境的一条取水

管道，口渴了，猫也在那儿喝水

分水岭

人与人已是隔绝的对应关系
——就像分水岭两边饱含人性的孤树

从扎根的岩石中，榨取自己的形状
枝叶、颜色和寿命，枝条向着
晴空和夜空伸手。来自虚无的营养
让孤单的谋生没有偏向但也让
未来的每"一刻"，成为提前分娩
或延时诞生的婴儿。而且它
从不保证神的孩子都有神前来认领
——向上的树尖，一个也不安全

谈论爱和依存，就像有一笔买卖
存在于人与天空之间，谈判
一直在溃败中进行。唯有天真的幻想
才能洞悉天空的集镇上：运到那儿的孤木
终于堆在一起，被制成向下关闭的木门

小镇

河流途经小镇。丢下一个码头
新造的船只从那儿下水
有的摆渡，有的装满粮食驶向上游

有的跟在前面的波涛后面
也处于后面的波涛的前面
装载着山野里低价收购的神龛
卖蜡烛的人和行动受限的人
船速时快时慢

有很多船只
木头准备好了，但还没有建造
人们坐在石头上神聊，耐心
等待着一条新的河流破空而来

大鼓

去制鼓作坊，订制了一面鼓身上有侧门的
大鼓。用来装沉睡的或越界的杂物
前一个世界走到尽头时，基诺人的祖先
就是藏身于太阳鼓内，从滔天的洪水中逃脱
想从现代性的洪水里脱身，我为之
与隐喻、反讽、变形打交道
没有找到岔路尽头的开阔地
但每次躺进大鼓，想到所有的事物都能将我杀死
总是服下比平常多出一倍的安眠药，在不安中
下沉到睡眠的海底。等到我从噩梦中
冷汗涔涔地苏醒过来
这一个世界不在了
下一个世界早已粉刷一新
从来没有一个停下脚步的世界
因为我要从大鼓中爬出而等一等我

二零二零年四月一日

地球是圆的。古老的真理
又一次在现实中找到了证据
——此时，每一个人失去了引力
正在这个光滑的球体上徒手攀爬
有的人悬空吊在表面
有的人已经掉进了宇宙

海边的模糊算术

一头鲸鱼，每年至少吞噬七百吨细小的鱼类

它们的寿命以四十五年保守计算，每头鲸鱼的一生

将有三万多吨小生命——细碎的信徒——经其腹腔前往天国

鲸鱼死后，尸体沉到海底，成为海洋众生的食物

但它的体重，最大的蓝鲸也只有一百八十一吨

而它一天的食量也许就需要四吨

自信的宗教站在众生这一边，要求鲸鱼最好在死之前

就沉下去。鲸鱼到死也不知道：大海的宗教

一直有着强烈的饥饿感

而且可能就起源于它们惊人的食量

玻璃钢孩子

公园的草坪先于世界的真貌，安放在
孩子的梦境中，而灰黑色角铁焊制的巨型鸟笼
以及鸟笼内屹立的那个单腿撑起的
白色奔马雕塑，肯定是后天植入进去的
借阳光作为燃烧的背景，一个孩子刚被母亲
从马背上抱下来，母亲又将另一个孩子
抱上了马背。孩子如登祭坛，有胆小鬼
因为害怕而滑下马背，母亲接手接住
他逃过一劫，惊恐的哭声母亲用奶头也没堵回去
而且，就为了骑马拍照，众多的孩子和母亲
在鸟笼外排起的队伍，如电影中在庙门口
领取稀粥续命的人，曲折延伸至
草坪与广场交界点，差一点儿突破了
孩子的梦境。哦，未来的骑手之梦，没有排斥
接纳众象，向着宇宙敞开。孩子们做它
装饰它，抱着心爱的玩具在它的场域自由
自在地出入。阳光晃眼，放风筝的老人
与风筝失去联系，拿着绞盘，弯下腰

向孩子们借取眼睛。孩子们在天空中认真寻找

找到了来历不明的虎脸、蟒蛇和巨大的蜘蛛

这让你做梦也想象不到——铁鸟笼、奔马

孩子、天空的怪物——他们会在孩子的梦境中

组合成一个反逻辑的整体。而且，身为父亲

——孩子航向的规划师——你对此在态度上

优柔寡断。不敢告诉孩子你主张什么

你反对什么。因为在远离公园的高速公路上

你正双手死死地握着胸前的方向盘，生活的象征

或者象征性的事物，已经无情地引导你

驱车奔上了岔路。某一个停顿的片刻

在加油站或服务区，孩子充当骑手的照片

由妻子用微信发给你。你用筷子

夹起回锅肉、萝卜条、白菜叶，像夹起

路边墓地上出土的银币并将它们咽下

从口袋中掏出一把纸币，零钱收回袋中

将仅有的一张大额钞票递给服务员

只为找补更多的零钱。同时，你将手机铃声

调至静音模式，望着马背上的孩子开心地微笑
想象他胯下之马一定能冲破铁笼。然后
望着山谷间悬空的高速公路，沉重地叹了口气
无力再想更多，权当那目光坚毅的孩子是一个
玻璃钢孩子。但他比玻璃钢柔软、亲切
配得上你给他的爱，值得你一脸紧张
在岔路上，尽快地把爱活出来
——车窗外，一列反向急驰的火车正穿过
甘蔗田，和你一样。空气甜丝丝的，自然的或
超自然的气息，就像玻璃钢孩子在你熟睡时
将一颗棒棒糖轻轻地放在了你的嘴唇上

反喜悦

处于同一种现实里，"太阳落在了孤岛上
而月亮朝着苍天缓缓移动。"
这弧形天幕上史诗性的日常戏剧——情节可以
改为工程量巨大的个人行为：给教堂的穹顶
上了一层金色，现在我要将它涂改为银色
如果"我"对太阳的黄金、月亮的白银
已经不抱幻想，甘心做一个无量山中的穷光蛋
情节改成这样也许更接近真实：第一个梦做完
我开始做第二个梦。赞叹黑夜降临之后
人世出现的与喧哗等量的寂静
淋浴更衣，抱着爱人一觉睡到复活节的清晨
如此既能在心头失去史诗，那从纸上
来临的短章我也能读诵，这便是反常的喜悦之一
同一个夜晚，如果我移走虚构中的爱人
摁灭书房的灯盏，抽着香烟
不安地将现在等同于遗忘。同时又在细小事物的
内部，寻找着不幸的蛛丝马迹，习惯性地
在悲剧性的中药稠汁里加入蜂蜜水，又往

一棵松树保留下来的刀口上倒几袋云南白药

万籁俱寂，仙人掌的刺编织成黑色天鹅绒

被征用和被奴役的词语暂时抛开了

自己的坏脾气和战斗力，而我也不再排查

经常使用的词语中哪一部分身负多重使命

我只身来到屋后的山上，先是像寒山子那样

问身后的影子："我都已经迷失了回家的路

你是怎么跟上我的？"然后将几块石头

当成父亲的遗骨，将它们

安葬在离月亮最近的地方

父亲因此不再从梦境之中

前来找我算账。这应该是反常的喜悦之二

还是这个夜晚，假如大雪已经下了多年

突然停止于白天。我看见隐居的人们

纷纷涌出家门，用铁铲刨开积雪，翻找他们

遗失在世间的出生证明、身份证和驾驶证

死在家里的人埋在了家里，未埋的

就剩下两百多根反复抚摸过，已经包浆的

骨头，由亲人捧着，葬礼的重量测试不出积雪的

承受力。从没见过的多出来的孩子背诵着古诗

以雪为粮的老翁往地窖里搬运着雪块

一些关心天空的人尽量压制着心底的悲愤

或者狂喜，像柿子树那样伸出枯枝捡起

几颗未腐烂的压扁了的柿干，不想捐献

也不想用它果腹，颤抖得厉害。反自然现象

正象征性地屈服于自然现象。而山脚下的大海

似乎一直没有封冻，所有的波涛我都见过

守灯塔的人跳海自尽换成了他的女儿

壮硕，丰盈，孤独培育了她压倒一切的诱惑力

将来的海洋之母，必定会与不同的水手媾和

生下一群崇拜彼岸和反对彼岸的水手

想想在天亮之后，我就可以从港口扬帆远航

前往公海去做一个抒情诗人，我忍不住

对着大海吹起口哨，这是反常的喜悦之三

反常的喜悦尚有之四，之五，之六，直至无穷

但也可能到此为止。我将自然现象中

不可抗力的那一部分，归类于万有中的未有

秘密中的绝密，死证中的翻供

——以递增的妥协，承认我的物哀与无用

后背死抵着绝巘，双手抓着稀疏的灌木

脚踩尖利湿滑的青石块，朝向海边的帆船

沿着一条小径提心吊胆地向下移步

安晚诗

马不想跑了，转过身来回了故乡。他没有骑另一匹
听话的马，又上征途。把所有的马赠送给青草
把心头的捕鲸船、邮轮停靠在无人看守的养鸭塘

叫树下站着的人给他让出一片阴凉。找到溪水，自己动手
砌上拦河坝。纸幡、白鸽飞扬在绿色植物专用的天空一角
有人前来讲《地藏经》，替他修好木床
在暗黑的屋内凿出几面窗户

邻居是个老者，整天忙着给搁在路边的彩色陶罐添加泉水
劝人多喝一口。他在晨光中等天变灰。有时去土地庙借墨
与村长隔着白昼恳谈，互相诅咒

夏天的明月，看着他拿着电筒到处漫游。把他当成了一个
到处寻找失物的盲银匠。他也乐于配合，假装自己真的
丢失了闪光的宝贝。在土地庙的墙脚
细心翻看着从石缝中递上来的清单

"还是从前的日子更像日子！"外婆九十岁去世弥留之际
说的一句话，所指的好日子应该是七十年前。人们吹着唢呐
途经无数的乱坟岗把她送了回去。守旧的世界观
还能用遗言否定现实，尚有一个世界可以藏身

他没有可以笼统夸赞的时代，只能夸赞某一天，某一个清晨
或子夜，某个梦，某瞬。甚至只能夸赞一生中，喝过的
某杯酒，吃过的某盘爆炒羊肝
住过的某个旅舍看海的阳台
偶遇却再也没有得见的某个面容
用过的某支笔，写过的某句诗
丢失的某把剃须刀
接过的某个电话

而且一旦把这些散碎银子，用时间的丝线串起来
这串念珠就是一件奇怪的纪念品，如同乡村野妓老了
不好意思在儿孙面前打开的储藏柜。卖命的嫖客再多
留下的信物没有一件是像样的

带上一把木凳，他坐在告老还乡的先贤们的碑林中晒太阳
他觉得自己已经是一个年过半百的疯狂的幽灵。但还有
一条条野狗比他更疯狂，它们趴在坟堆塌陷的洞穴
屁股向内，头伸到外面，为他一个人表演
嘴巴啃噬金属骨头的哑剧

——之后，他谢绝了一条条道路的邀请。像一只
和尚饲养的羊羔。在藏经楼下咩咩咩地叫唤
渴了就去放生池饮水，饿了就在松树下啃食香灰里长出的
青草。生活将它每一天的尽头卷起来
朝着已知的方向送回来，轻轻地叠加在它的起点上
仿佛他看见的村庄里的婴儿，其实都是力量用光
却没有尝到什么甜头的糟老头
脑袋，统一低垂在阴影中

露天电影

途中遇上玉米林，即使绕道我也不会从中穿过
尤其是在晚上，刮着从殡仪馆方向吹来的秋风
——有一次，露天电影，在一片坟场上映。靠着一个坟头
我在数次领教过的渡江作战的枪声里，进入了梦乡
醒来，观众像溃败的大军早已被围歼，坟地像未经打扫的
战场，每一座坟似乎都是一具尸体
我躺在它们中间。而且当我哭喊着跑出坟场
回家的小路还得穿过一片玉米林。秋风里
发狂的玉米秆、叶子，让我顿时想到了向我合围过来的
电影中和生活中无处不在的鬼魂。那时，我刚刚八岁
是乡村小学的三年级学生。深夜，从坟场跑出来
又遇上了死神外出捉人时恐怖的仪仗队——现在
只要我闭上双眼，想一想四十五年前的那个夜晚
天啊，整个世界马上就会变成坟场和玉米林
那面悬挂在坟场上空的银幕，至今没人将它取下来

黄昏遇上杀人狂

十年前去北方亡命，在渤海上养殖带鱼

一个人，一座海岛，一句话也没有说过

冬天，他坐着火车回来赎罪，直接找到他认为已经被他

杀死的那个人的家，把挣到的钱放在桌子上

向南的窗户投来圆形的光，刚好移到桌上

比桌子大了一圈。猫从阴暗的屋子一角跑出来

叼着的小鱼，尾巴还在抽动

被杀的邮递员并没有死掉

说，在黄昏遇上一个杀人狂，将自己，连同单车和邮包

从铁桥上推进了激流。身上的确挨了几刀

可是，把自己往死里捅的杀人狂

不是眼前这个指甲缝里的鱼鳞还没有剔除干净的人

——现在他俩，从产生风的小镇那头，正朝着我们走来

一个用马的声音说：就是我

另一个的声音来自虎：不是

给我们制造的错觉不是他们达成了特殊的约定

而是一个以反映复杂的人性作为主线的

故事，剧情已经失控。小镇的冬天

有人把雪花当成面粉出售。有人坐在酒桌边

继续往那个故事的火炉里，添加着干柴，甚至火药和骨头

喜悦

被采石场的爆破声所惊吓，马失控跑进

秋天的浓雾中。静止的雾因此而生出漩涡、激流

固定的岩石和香樟朝着它把面具取下，放出怪兽

开始时它还能躲开，即使有的枝条

天生的善意临时变形，迎面直戳

出现之时已是飞至额头的冷箭。慢慢地，它不再闪身

所过之处，身体向后飘扬着雾的骨头、荆棘、溪水

像它新生的鬃毛和尾巴。它处在了一种

极端的状态：逃跑的自由与迷失的担忧交织

无所畏惧却又胆战心惊。一下子找不到急停的理由

狂奔是意外的使命。它那跑动中的身姿应该具有

我们领受过的流亡者与迷途者混合而成的命运感

而且因为它是一匹马，产生的美也应该

令人窒息。同样，它的消失没有预兆

如同前去领洗的孩子再也没有回来——人们的寄托

已然落空。它跑到了哪一座山上才停下来

用求救的嘶叫声给出它的方位，并划出大雾里

陷阱的圆圈？我的耳朵没有听见，心灵也没有感应

也许这是上帝指使它从这儿出走，究竟去了哪儿

谁也不知道。以惊恐的方式离开，归来的可能性很低

所以我在马厩的门口等候它

但不抱任何喜悦的幻想

在溶洞中

在溶洞中。每次打燃火机给自己照明

它可怜的火苗，我都想一口吞掉

因为冷，因为饥饿。我是如此地羡慕史诗中

因为吞吃火焰而得到温暖的人，但这些无神论者也有着

令人恐惧的秉性：他们说，吃火焰，辛辣或者甜蜜

味道是次要的。乐趣在于你就像在瓷盘中用刀叉按住了

一个天上的火球。把它切碎，慢慢地吃——

这些火球的儿子，意欲引领我前往溶洞永恒的黑暗

我站在黑暗中，看着等着。身边的石笋承接着穿顶上

落下的水滴，噼啪作响

如同狂妄、冷酷、残忍的语言

所见

菩萨有一双肉眼，我即其所见之物

我却想有一双慧眼

希望能看到他

——但我至今没有看到。只是看到记忆中

分时段、分地点、分门别类善待或亏待过我的

善待或亏待过世界的、现实的或超现实的暴君

是的，暴君，包括肉眼看不到的

畹 町

一

用一封家书，包来一块死去的写信人的肉

烤熟了，充作尚未命名的肉，给另一个垂死之徒充电

以便逃脱持久战。远藤周作通过《深河》一书

讲述的缅甸丛林作战中侵略军精神之弦拉断的绝望

令我惊悚。那是末日，与之匹配的是：在炮弹准确击中墓地

挖出深坑，等众人填空的北方山谷

伊洛瓦底江的入海口，海水抬高水位倒灌

江水送回了战死者海豚一样的尸体

部族的长老在村庄的广场上，杀光所有的牲畜为之祭奠

并招募一个个肉感的亡灵高吼战歌，重新出发

"站起身来，鲜血流空的兄弟

挺起胸腔，心上插着刺刀的儿孙

继续去杀倭寇，已经死掉的部族的勇士……"

人与人的深仇告一段落，鬼与鬼开始肉搏

从密支那至八莫、腊戌，招魂的长老

脸上涂着儿子的血，身后跟着肉眼看不见的兵马

在死亡中继续往深处挺进。否定了盟军首领

坚决后撤的通知，念着咒

"像一只只白鹤飞行在敷着一层肉酱的

太阳旗与剧烈抽搐的炮管之上。"用翅膀抱住射出的炮弹

往后拖，长长的红喙啄食着空中发红的子弹

——你以为那是劫难之后，等待

新一轮创世的混沌的天地之中迎来的先驱

在死人堆的上空收集着人的罪证

二

1942 年初春。畹町镇上——倒背如流的度亡经中

出现了虚构、魔幻的片段。如医生的诊断报告引用了

苏轼的吊古词，铁笔刻写的贝叶经里

惊现 W.H. 奥登早期的诗作

在榕树形成的山丘之间，芒锣与象脚鼓

则低唱着赞美诗——十余万中国远征军由此入缅

但带路的不是地图、指南针、仇恨和子弹

是一只白鹤。它把他们领到了同古，仁安羌、瓦城

领到了印度和野人山。从战争中得到新生或粉碎的人

均不会认同白鹤之说，不会的

战壕里的一只蚂蚁流出了五百公斤血

朝着印度洋逃难的一只鸭子，身上也带着至少十三颗子弹

一个死人心里埋着无数的死人，刺刀在穿越它的过程中

刺刀是复数。尤其令人不安的是——正义之师与无辜之众

罹难者的数量远多于仇敌，而且在死亡之前

也学会了嗜血如命。这只白鹤，死亡之鹤，我试图将它

指认为谭伯英听到的那来自怒江波涛之下的喊魂者

它叫喊着溃败大军中一个个

战士的名字，然后死神就领走了他们

他们得到的鼓舞竟然基于唯心与幻觉，死亡的事实

我想说服自己放弃对偶然性的迷恋

把杀戮的现场归还给战争一再复制的毁灭哲学

像一颗子弹只打飞了一只耳朵

得以幸存的战地记者所描述的那只白鹤看齐：它在反攻战役

打响前三分钟，"从阵地上的一棵菩提树上起飞，飞到了

对方阵地的炮管上……"尽管它们不是同一只白鹤

我为自己的妥协，惩罚自己用伊洛瓦底江的水煮饭果腹

每一粒米都肿胀成连根拔出的红牙齿。江对岸

密支那城里栖息过白鹤的梧桐树上，一位怀抱机枪的和尚

辨认不出树底对峙的人，双方都血肉模糊，谁应该让他

破除杀戒。多年后用接近梵语的摩揭陀语书写的回忆录中

他说他杀错了对象，喷到树上来的血泉

"带着一丝丝芒市蔗糖香甜的滋味。"

三

稳固，停顿，按照山峦的标准

在享用匿名的空间时，我心怀罪恶感

——因为你无论付出怎样的心力

也休想顶替一位殉国者并坐到他被荆棘掩盖的墓碑上

接受鸡蛋花扑鼻的芳香，荣耀已经随时间的流失而缩减

不会再反弹。因为墓碑上没有人名，因为

一条宽阔的公路正硬挺挺地修筑过来，直抵印度洋

蓝图上，这儿是"荒地"，波动的地平线将被人工拉直

我本以为去年在圣彼得堡所见的列宾的一幅画作

它展示的景象也会在这儿闪现：一位神职人员右手提灯

祷告于遍野的头盖骨中央……

最后的安慰与最后的忏悔，并不会将人撕成两半

但他们愿意欠下一笔债务——无人下跪，道歉。推土机

在一阵阵轰鸣、喘息之后，铁血、无畏地承担了它能承担的一切

他们和它另造了"道路"一词，也另造了"沉默"一词

用来表达比原义更加确凿的定义。里程，投入

车流量，资源，劳工成本，利润，一张统计图表

零度叙事的范本，最精准的阵亡将士花名册也欠缺它

狙击手般的命中率。而且它不以此作为"普遍的目标"

它是个体，疯狂的个体，在逃避了审查，推辞了人性之后

是高速运转中享有特权的机器人完美的灵魂

有人藏在它的影子中，但你不知道是谁。我从资料中获知

第二次远征，即 1943 年秋天，某次战役爆发

冒险出击的西定山布朗族长老在此被俘

"切开他的肚腹，飞出来一只白鹤。"

那只白鹤又被击毙，"白色的羽毛在菩提树顶上

盘旋，组成了一头白虎的图案。"消失的坟墓，埋葬的

是一根根羽毛，白虎的骨头

缅甸的雨压住了推土机扬起的瀑布一样的灰尘

灰尘变为金色的泥浆。我从虚拟的现实前往现实

暂时闲置的壕沟内青草旺盛，有人在念经，有人在做爱

国家和战争明显地变成了言行的附属品

我是如此的多余，在雨水中，一米之外

就找不到自己。在一米之内，自己是一件淋湿的

衣服，紧紧地贴着某县岩石一样的肉体

四

"等等，请等等我……"炎热的缅甸山谷里

声音自身后响起。钟形的曼陀罗花密集地挂在山崖

凤凰木花期刚至，酒红色的串珠式花瓣

欣喜地舞蹈于浓郁的叶面之间

杂栗木天生的破烂叶子，在树枝或在地上同样地让人联想到

雨林的残缺。不是谁的罪过，它的残缺之美

仅存在于部分人概念性的偏好。牛虻，毒蝇，嗡嗡作响

在蝉鸣的统治下，它们阴损的攻击力无处不在——你必须

为此腾出一只手来，拆一根多依树枝，反复地驱赶它们

而最好的驱赶之法就是拍打自己的后背、胸前和双腿

它们快如飞行的箭簇，远离死亡

你永远也别幻想可以将它们击毙在空中

"等等，请等等我……"听到这个请求

站住，回过头去，山谷里空无一人。逃命的大军远去多年

是草丛里的石块，枯树上的树洞，记住了他们叫喊次数最多的

一句话。像鹦鹉那样隔着时光无尽的模仿

我在八莫一位华侨垦殖的橡胶山斜坡上，与他谈论过

两支大军同时溃败的秩闻，"是的，同时溃败

如果残忍的话也可以说出——也许只有这片林莽获取了胜利！"

忆及垦荒时成堆的、互相抱着的、残片式的白骨，他的声音

突然打结，双目潮湿，"分不出敌友，我把他们葬在了一块儿。"

我想象着那些白骨在光未抵达之处用石头和树根

互相敲击对方。他说："唯有寂静回应我的无能和愧惶。"

寂静本是无罪的，没有敌意的，但它审判着我们
仿佛我们也挤进了他们的队伍，没有战亡，脚步飞快
不等人，忘记背走战友的尸骨，幸存就意味着耻辱
"等等，请等等我……"他的橡胶林中
听不见请求，那流出来的白色胶液
他说它们是由骨粉加入泪水搅拌而成
一只白鹤在山谷里朝着腊戌飞翔，我们转身
朝着畹町的方向走。我想尽快走下斜坡上的审判台
跑了起来，他在后面喊
"等等，请等等我……"
他戏剧性的请求，感觉是那只白鹤掉过头来
或一颗子弹，在我翻卷着落叶的身后追赶我

五

轰炸与爆炸发生在同一刻，空白的穹顶即天空之顶
空白的空间即天空的空间——万物用来组成空白
什么都已经不是实物。战争史诗中"玉碎"一词，"殉国"

一词当记录的文字不能集中于"殉""碎"，死死抓住

巨型粉碎机的刀片，并冷静地表达出战争反人类的细节

那它们也是空白。夹杂着历史对人命的敷衍与无能

这时候，世界需要一种别致的哲学

无声地对其进行补救——那一只只白鹤

因此出现在炸弹炸出的巨坑内，诗歌与宗教支持它们用不朽之物

替换炸飞的残片，按神话中不容置疑的叙事方式，善意地虚构

以摩揭陀语，激活空白内曾经发生的毁灭，移交给我们

——你看见的它们或说部族的长老，也许

分布在两个不同的空间，跟着长老的那些不同的太阳

投射出来的影子之兵，也有着属于他们的时空

不少于三种死亡，互相交叉，重叠又分开

在纸幡一样遍布缅甸丛林的空白之下

两个儿子的残体组合成一位父亲，三个父亲的三颗脑袋

则拼装不出一个儿子，五个士兵用五只手掌合成班长

八十个排长踪影全无，二十个连长的名下只剩一截烧焦的枪托

没有射出的子弹堆成小山，颗颗都有真实的姓名

生锈，变土，上面长出香蕉树。长老，白鹤

他们或许互换了灵魂。或许没有。或许彼此是
对方的灵魂。像两个世界被强行挤压到一起之后
终于得以见面的一个人的两个组成部分。当他们发现
自己的敌人是同一群，在不同的世界
他们希望赶走的人是同一群，而且对方也
身陷一片空白。他们给对方准备了两个世界的死亡方式
自己却又以白鹤的身姿，超脱在死亡之外，浮出空白
闪动着翅膀，优美地鸣叫着，让我们得以看见他们
以为他们永远是我们的化身，他们永远也不会死亡
我们——每一个诗歌写作者，相信转世之说的信众
没有一人发现这原本是一场戏剧的第一幕
仇恨令我们瞳孔喷着血雾，也无人看见白鹤
将一个个活着的士兵，不分敌友，搬运到空白之外的芒果树下
给他们水喝，给吃人肉的人吞下了自己仅剩的一坨牛肉
在炮火中飞行，他们的姿态，与现在正从缅甸竹林
飞向畹町的白鹤没有什么差别。也许它们就是他们
现在才飞了回来，时间和它的战争现在才释放了他们

图书在版编目（ＣＩＰ）数据

修灯 / 雷平阳著.-- 武汉 ： 长江文艺出版社，
2020.8
ISBN 978-7-5702-1692-5

Ⅰ.①修… Ⅱ.①雷… Ⅲ.①诗集－中国－当代
Ⅳ.①I227

中国版本图书馆 CIP 数据核字（2020）第 124604 号

策　　划：沉　河
责任编辑：谈　骁　王成晨　　　　　责任校对：毛　娟
装帧设计：雷　迪　　　　　　　　　责任印制：邱　莉　王光兴

出版：长江出版传媒 | 长江文艺出版社

地址：武汉市雄楚大街 268 号　　　　邮编：430070
发行：长江文艺出版社
http://www.cjlap.com
印刷： 湖北新华印务有限公司

开本：880 毫米×1230 毫米　　　1/32　　印张：6.5　　插页：4 页
版次：2020 年 8 月第 1 版　　　　2020 年 8 月第 1 次印刷
行数：3191 行

定价：49.00 元